चार तार

द. रा. बेन्द्रे

वाणी प्रकाशन ग्रुप

भारतीय ज्ञानपीठ

वाणी प्रकाशन : भारतीय ज्ञानपीठ की पुस्तकों के एकमात्र प्रकाशक एवं वितरक

लोकोदय ग्रन्थमाला : ग्रन्थांक 375

सजिल्द पहला संस्करण : 1974
सजिल्द दूसरा संस्करण : 2025

वाणी प्रकाशन ग्रुप | भारतीय ज्ञानपीठ

वाणी प्रकाशन : भारतीय ज्ञानपीठ की पुस्तकों के एकमात्र प्रकाशक एवं वितरक

वाणी प्रकाशन

4695, 21-ए, दरियागंज, नयी दिल्ली-110 002
दूरभाष: 011-23273167, 23275710
ईमेल: sales@vaniprakashan.in
www.vaniprakashan.com

ISBN : 978-93 -6944-112-9

मूल्य : ₹ 495

चार तार
(*कविताएँ*)
द. रा. बेन्द्रे

CHAR TAR
(Collection of Poetry)
by D.R. Bendre

मुद्रक: आर. टेक ऑफसेट प्रिंटर्स, दिल्ली-110 032

प्रस्तुति

'नाकु तंति' का यह हिन्दी अनुवाद 'चार तार' शीर्षक से डॉ. दत्तात्रेय रामचन्द्र बेन्द्रे के सम्मानार्थ आयोजित भारतीय ज्ञानपीठ के पुरस्कार समर्पण समारोह का प्रतिफल है। कवि-मनीषी बेन्द्रे को १९७३ का भारतीय ज्ञानपीठ पुरस्कार 'नाकु तंति' की कविताओं के सृजन के लिए समर्पित किया गया है क्योंकि पुरस्कार के नियमानुसार यह काव्य-संग्रह १९६२ से १९६६ के बीच प्रकाशित समग्र भारतीय साहित्य में 'सर्वश्रेष्ठ' की समकक्षता में समादृत हुआ है। 'समकक्षता' में इसलिए कि सन् १९७३ का यह पुरस्कार भारत के मूर्धन्य कथा-शिल्पी श्री गोपीनाथ महान्ती के उड़िया उपन्यास 'माटीमटाल' के साथ सह-विभाजित है। 'माटीमटाल' उपन्यास का हिन्दी अनुवाद भी दो खण्डों में समारोह के अवसर को लक्ष्य कर प्रकाशित हो रहा है।

कृति की दृष्टि से देखें तो 'नाकु तंति' को दिया गया पुरस्कार कन्नड़ भाषा के लिए समर्पित है। यदि कवि की दृष्टि से देखें तो यह पुरस्कार ऐसे साहित्यकार को दिया गया है जिसकी मातृभाषा मराठी है और जो मराठी का भी दिग्गज साहित्यकार है। यह एक अद्वितीय स्थिति है। पुरस्कार कृति को दिया जाता है; पुरस्कार समर्पण समारोह कृतिकार के सम्मानार्थ होता है; भाषा की दृष्टि गौण होती है; भारतीय साहित्य की उपलब्धि को रेखांकित करने की दृष्टि प्रमुख, विशेषकर जबकि भारतीय भाषाओं की अनेक समर्थ कृतियों की प्रतियोगिता में पुरस्कारार्थ कृति चुनी जाती है। अतः 'नाकु तंति' और कवि बेन्द्रे को प्रादेशिक और भाषागत सीमाओं से ऊपर उठाकर देखना ही उनके प्रति और ज्ञानपीठ के पुरस्कार के उद्देश्य के प्रति न्याय करना है।

कवि बेन्द्रे आधुनिक भारतीय साहित्य के 'आचार्य पुरुष' हैं। ३१ जनवरी १८९६ को इनका जन्म धारवाड़ में हुआ। बेन्द्रे के पितामह अप्पा भट्ट जनता में सन्त के समान पूजे जाते थे। वे संस्कृत के प्रकाण्ड पण्डित और कवि थे और अपनी उत्कट वैराग्य भावना के कारण सदा प्रणम्य रहे। 'पार्वती परिणय' उनकी प्रसिद्ध काव्य-कृति है जो संस्कृत साहित्य में समादृत है। शिरहट्टी में उनकी समाधि पर आज भी जनता पुष्पांजलि अर्पित करती है। अपने पिता

रामचन्द्र भट्ट की छत्रछाया से बालक बेन्द्रे छोटी अवस्था में ही वंचित हो गये। इनकी विदुषी और धर्मशीला माता अम्बिकाताई ने इनका लालन-पालन किया और अपने मामा के अभिभावकत्व में इनकी प्रतिभा धीरे-धीरे विकसित होती गयी। बेन्द्रे धारवाड़ से पूना उच्च-शिक्षा के लिए गये और फ़र्ग्युसन कॉलेज से बी. ए. किया। बेन्द्रे के जीवन की कष्टकथा अनन्त है—बचपन में पिता का अभाव, विवाहोपरान्त नौ पुत्रों में से छह का निधन, राष्ट्रीय आन्दोलन में भाग लेने के कारण अध्यापकीय सेवाओं का उच्छेद और जेल-यातना तथा जीवन में पग-पग पर संघर्ष की स्थिति। कुल की गौरवमयी साधना-परम्परा, अध्ययन में तल्लीनता, विदग्ध पाण्डित्य और संस्कारशीलता के कारण बेन्द्रे सदा स्वतन्त्र-चेता और उन्नत-मस्तक रहे। माता का वात्सल्य ही इसके जीवन का अमृत था। इसीलिए काव्य-रचना के लिए इन्होंने अपना उपनाम चुना था—'अम्बिकातनय-दत्त' अपने जीवन-निर्माण की कल्पना इन्होंने विवेकानन्द की प्रतिच्छवि के रूप में की, और गान्धी के प्रभाव में राष्ट्रीय आन्दोलन में रचे-पचे; रवीन्द्रनाथ के काव्य से और उनकी उपनिषद्-प्रसूत चिन्तनधारा से प्रभावित हुए; तथा अरविन्द-दर्शन के प्रबुद्ध अध्येता एवं उपासक रहे। ये सब ऐसे प्रभाव हैं जिन्होंने कवि बेन्द्रे के जीवन को आदर्श-मण्डित और उपलब्धिपूर्ण बनाया। बेन्द्रे ने लिखा है कि कवि रवीन्द्र और ऋषि अरविन्द उनके जीवन के दो नेत्र हैं, किन्तु उनकी दृष्टि सदा एक ही लक्ष्य पर केन्द्रित रही।

वेद, पुराण, दर्शन आदि की प्राचीन ज्ञान-परम्परा में निष्णात, बेन्द्रे ने आधुनिक युग के चिन्तन को और विदेशी साहित्य, विशेषकर अँगरेज़ी काव्य के उच्चतर मानदण्डों को दृष्टि में रखा, उन्हें आत्मसात् किया। कवि बेन्द्रे को उनके काव्य-संग्रह 'अरलु-मरलु' के लिए साहित्य अकादमी का पुरस्कार १९५८ में मिल चुका है।

कन्नड़ भाषा परामर्श समिति के द्वारा प्रस्तावित कृति 'नाकु तंति' जब अन्य भाषा परामर्श समितियों द्वारा समर्थित कृतियों के बीच प्रतियोगिता में आयी तो केवल ४४ कविताओं का यह लघुकाय काव्य-संग्रह पहली दृष्टि में कवि की विपुल उपलब्धियों के सन्दर्भ में उपयुक्त रूप से भारी प्रतीत नहीं हुआ; किन्तु अन्य कृतियों के साथ तुलनात्मक अध्ययन करने के उपरान्त प्रतीत हुआ कि यह लघुकाय कृति गुणात्मक दृष्टि से इतनी संश्लिष्ट और गरिमामय है कि इसमें न केवल भारतीय दर्शन और पुराणकथा के उदात्त सन्दर्भों का आलोक प्रतिभासित है अपितु आधुनिक जीवन और चिन्तन के परिवेश को नाना प्रतीकों और बिम्बों में रूपायित किया गया है। प्रधान रूप से ये कविताएँ दार्शनिक और चिन्तनपरक

हैं। इसीलिए यह गम्भीर हैं और प्रायः पकड़ से बाहर। जिन पाठकों को कवि से यह शिकायत है कि उनकी कविताएँ बोधगम्य नहीं हो पातीं उनसे कवि की अपनी शिकायत यह है कि पाठक में जिस सांस्कृतिक संस्कारशीलता और ज्ञान की पृष्ठभूमि की अपेक्षा है उसका अभाव ही मुख्य कारण है कि सम्प्रेषण अपूर्ण रह जाता है। इसमें सन्देह नहीं कि कवि ने स्वयं ही अपने गहरे चिन्तन और इस चिन्तन द्वारा उपलब्ध अछूती ऊँचाइयों को जब बिम्बों में बाँधने का प्रयत्न किया है तो भाषा मानो थककर बैठ-बैठ जाने को हुई किन्तु कवि ने उसे पग-पग पर सहारा देकर खड़ा किया और समर्थ बनाया। 'नाकु तंति' की कविताएँ इस बात का प्रमाण हैं कि कवि ने अभिव्यक्ति की साधना में भाषा के संकट को किस प्रकार झेला और सहा और अन्त में पाया कि फिर भी कुछ है जो छूट गया है जो आकार ग्रहण करते-करते रह गया है। एक संकेत है जो बोलता नहीं, बोधता है।

'नाकु तंति' की ४४ कविताओं में दस सॉनेट हैं। छन्द और प्रयोगों की दृष्टि से अद्‌भुत नवीनता है। अभिव्यक्ति को सामर्थ्य देने के लिए कवि ने भाषा और प्रयोग का कोई बन्धन नहीं माना—वैदिक शब्दों से लेकर कन्नड़ के देहाती शब्दों तक, मराठी और फ़ारसी के शब्दों से लेकर अँगरेज़ी के शब्दों तक सब कुछ कविता में सहज रूप से गुँथता चला आया है—विषय और शैली के अनुरूप चुस्त और दुरुस्त। जिस प्रकार सूत्रों के भाष्य लिखे जाते थे और अध्येता प्रकाश पाकर गद्‌गद होते थे उसी प्रकार 'नाकु तंति' की कविताएँ पढ़ते हुए इच्छा होती है कि इनका भाष्य उपलब्ध रहे तो मन अर्थ की प्रतीति से आश्वस्त हो जाये। बेन्द्रे इतने सरल और तरल हैं कि उनकी कविताओं की गम्भीर मुद्रा में से व्यंग्य और उपहास बरबस झाँक पड़ते हैं। वे आधुनिक जीवन के प्रश्नों से जूझते हैं और व्यंग्यात्मक स्थितियों पर चोट करने से नहीं चूकते। इस तरह स्वतन्त्रता का हामी जनतन्त्र स्वच्छन्दतावादी जनतन्त्र बन जाता है। किस प्रकार भाषाओं के मतभेद आदर्श के अर्थों को काटते हैं, किस प्रकार होली का स्वच्छन्दता समर्थक त्योहार गन्दगी का विस्तारक बन जाता है, किस प्रकार अष्टग्रहों के चक्कर में जनता व्यापक रूप से दिग्भ्रमित हो जाती है, किस प्रकार प्राचीन मान्यताओं से कटकर आधुनिक मनुष्य 'ऐडलर', 'फ़्रॉयड' और 'जुंग' के मनोविज्ञान की कमज़ोर पकड़ के सहारे लटकने की कोशिश करता है—आदि अनेक उपहासास्पद स्थितियों का चित्रण बेन्द्रे की कविताओं में है।

जैसा कि ऊपर लिखा गया है 'नाकु तंति' की कविताएँ गूढ़ रहस्यात्मक हैं। कवि ने भाषा, शब्द-चयन और शैली की त्रिविधता के आधार पर जो प्रयोग

किये हैं और अभिव्यक्ति को जिस बारीकी से साधा है, उसको हिन्दी अनुवाद में ला पाना बेहद कठिन कार्य है। डॉ. वी. बी. पुत्रन्, ने इस अनुवाद के दु:साध्य कार्य का दायित्व लेकर हमारे असमंजस को कम किया। अनुवाद अधिक से अधिक प्रामाणिक हो, अनुवादक के इस प्रयत्न को सफल बनाने में स्वयं श्री बेन्द्रे का मार्ग दर्शन रहा है और इस अनुवाद को उन्होंने आद्योपान्त सुना है तथा अनुवादक की कठिनाइयों का निवारण किया है। हम डॉ. बेन्द्रे और डॉ. पुत्रन् के कृतज्ञ हैं। प्रो. 'जीवि' कुलकर्णी और सतीश वर्मा अनुवाद के कार्य में डॉ. पुत्रन् के सहायक रहे हैं; इनके भी आभारी हैं।

पुरस्कार समारोह के अवसर पर जो प्रशस्ति फलक कवि श्री बेन्द्रे को भेंट किया गया है वह इस प्रकार है :

"कवि और द्रष्टा बेन्द्रे ने मुखरित किया है मनुष्य जीवन के सौन्दर्य को, उसके सन्त्रास को ; प्रकृति और मानव-व्यक्तित्व की भव्यता को ; कर्नाटक और भारत के पुनरुद्‌भवन एवं विश्व के भावी रूपान्तरण को ; और दशाब्दियों के यात्राक्रम को तथा उस संश्लिष्ट संदर्शन को जो मर्मस्थ है सृष्टि में।

विषयवस्तु की इस विविधता ने परिणति पायी उस दीप्तिमान् व्यंग्य-विनोद में, अलौकिक असन्तोष और उल्लास में एवं चारुता-उदात्तता में जो उनकी पचास से अधिक कृतियों में परिव्याप्त है। इनमें अधिकतर कविता-संग्रह हैं ; शेष नाटक-निबन्ध-कहानीसंग्रह या अनुवाद। बेन्द्रे एक पथ-स्रष्टा हैं जिन्होंने अनेकानेक लेखकों की कलागत संचेतना को रूपायित किया ; और जिन्होंने लोकधुनों पर बँधे गीतों एवं जटिल पदों द्वारा विज्ञ और अविज्ञ दोनों को विमुग्ध रखा है।

पुरस्कार-जयी इस कन्नड़ काव्य-संग्रह 'नाकु तंति' में प्रस्तुत किया गया है वर्तमान का व्यंग्यात्मक छविरूप, सांस्कृतिक अतीत और भविष्य का सशक्त प्रतीकों में निष्कर्ष, और स्थायी एवं समग्रात्मक मूल्यों का समर्थन। बेन्द्रे के काव्य में उद्‌घाटित और रूपान्तरित करने की सक्षमता है। व्यक्ति से ब्रह्माण्ड तक सबको इसने समोया हुआ है : इसमें काल की राजनीति भी है और शाश्वत की भी।"

नयी दिल्ली
८ नवम्बर, १९७४

—लक्ष्मीचन्द्र जैन

दत्तात्रेय रामचन्द्र बेन्द्रे

अनुक्रम

□

●

चार तार

१. मत्त श्रावणा

(अ)

श्रावणा । श्राऽवणा ।
मैदंडगी माडी । हाडिदी कवना ।
कैलासद बुडकऽ सिक्कवना । हत्तु तलेयवना
बिडिसोऽ । हिडिसोऽ । आत्मरामन भवना । शिवना
हर-हरि ओंदादवना । दवना । नीडिदे । अडिगेऽ
चैत्रदवना । बेरेल्ली हवना । पंपीयवना
कोंपीयवनन्न ब्याडा । तुंगीगे । भद्रीगे
सरि-सरगूडिसि । हाडोऽ कवना । हाडिदवना

२

हरहर श्रावणक बंदीऽ । श्रुति तंदिऽऽ
हरिहरि श्रावणक बंदिऽ कृति तंदिऽऽ
नीवु तंदी-तायी नमगऽ
कंदनु ना निमगऽ
स्कंदन शाखेऽ नमग । नारदन शिखे नमगऽ
उद्द नामा मत्तऽ । अड्डऽ नामा
याविवनऽ कामा बंदा । शिव-शक्ति नडुवऽ
अडुवऽ इडरवनऽ
वसुदेवऽ देवकि गर्भा । तुंबिद तुंबि

१. मतवाला श्रावण

(अ)

श्रावण श्रावण
देहवीणा पर गाया गया यह गीत
अहंभाववश कैलास के नीचे दबे
मुझे छुड़ा दो। जोड़ दो सम्बन्ध उस परम धाम से,
जहाँ शिव हर-हरि का एकाकार है;
जिनके चरणों पर चैत्र कुन्दपुष्प चढ़ा चुका हूँ—
अब कैसा हवन
पम्पापति[1] को मत कहो भग्नावशेष
तुंग और भद्रा के स्वर से स्वर मिलाकर
गायक का गीत गाओ।

२

हरहर श्रावण में आये श्रुति लाये
हरिहरि श्रावण में आये कृति लाये
आप हैं हमारे सर्जनहार
मैं हूँ आपका पुत्र
हम हैं स्कन्दवंश के। हम पर है नारद की शिखा
लम्बी और वक्रित रेखाएँ
शिव-शक्ति के मध्य यह कौन कामदेव !
एक ओर रख दो उसे
वसुदेव देवकी के गर्भ में आये

१. विजयनगर के पम्पाक्षेत्र के भग्नावशेष में विराजमान पम्पापति (विरूपाक्ष या शिव)

सेरेबिडिसि बंदि । विश्वन तंदि
सुर-असुरर कसरऽ कळेदू
मै तळेदू बारय्या
श्रावऽणा श्रवणके भवणीये बेऽकेऽ ?
भ्रमरा । भ्रमरांबा । नम्म निम्मा तवरा
गोत्तिलेऽनोऽ जवरा

३

नविरा, नविरा, माडुवि याकी कवरा
'कवियल्लदवराऽ कवर्दवरूं ओळरेऽ'
अेंदा नृपतुंगा
श्रीविजयन लिंगा संगा
श्रुति इप्पत्तेरडू । कृति साविरदा हरडु
कळे बरडु, मोरडिगे मोरडिगे नविलु
विद्युद्रेऽखाऽ । मेऽघाडंबर नौका
अेळ्ळा गंधर्वरनगरा । नगला नगला
नगमग नविला । हाडेऽ हगला
श्रावणदलि अभिजिद्योग
काव्योद्योग

जगत्पिता, सुर-असुरों की कलश-कालिमा दूर कर
शरीर धर आओ !
श्रावण, क्या श्रवण को कष्ट देना ही होगा ?[१]
हे भ्रमर, भ्रमराम्बा[२] मेरा तेरा एक गोत्र
नहीं जानता यमराज ।

३

रोमांच रे रोमांच कैसी यह ओट
'क्या किसी अकवि को सम्भव है कि पर-हृदय को मोह ले ?'
श्रीविजय की इस मान्यता को
नृपतुंग[3] का समर्थन मिला ।
बाईस श्रुति-सहस्रों कृतियों की व्याप्ति
शुष्कता त्याग, टीले-टीले पर मोर
विद्युत रेखा, मेघाडम्बर नौका
सकल गन्धर्वों का नगर,
हँस हँस रे हंस मयूर दिन के उजाले में
श्रावण में अभिजित् योग
यही है काव्योद्योग ।

---

१. कवि के जीवन में श्रावणमास का महत्त्वपूर्ण स्थान है—अनेक दुःखद घटनाएँ भी घटी थीं। इसीलिए यह उद्गार है।
२. दुर्गा मन्दिर, जो शृंगेरी में है। कहा जाता है कि दुर्गा ने भ्रमरों का रूप धारण कर औरंगजेब की सेना को भगा दिया था।
३. नृपतुंग राष्ट्रकूट राजा था ; कन्नड का सर्वप्रथम कवि था ; इसकी कृति 'कविराज मार्ग' कन्नड़ की उपलब्ध सर्वप्रथम कृति मानी जाती है।

२. मत्ते श्रावणा बंदा

(आ)

श्वेSतारविंदा, रक्तारविंदा
श्रवणाऽ-मघा-योSगा तंदा
मत्ते । श्रावणा बंदा ।
"तेरेगेS इहुदोS मेSरे
बयलिगे यावुदु बेSरे ?
बेSरागि बेरेयुवुदेS कार्य
ओS आर्या" अंदा ।
'विश्वं आर्यं कृण्वन्'
'अमृतस्य पुत्राः'
'ॐ देSवाय जन्मनेS' !
देSवनिगू मानवगू संबंधा
मुक्तिय आचेय भक्तिय
भगवत् सृष्टिय बंधा
साम-प्रबंधा
वृंदा, वृंदा, वृंदा
वृंदावनदंदा । छंदा
इदु रासद लीले 'Global' अंदा
भूमंडल—देवन मने चंदा
बिडु मीना मेSषा
तुंबलि कुंभा । सिंहके रवि बंदा
धनिष्ठानिष्ठा । वसुगळिगे प्रतिष्ठा
शतताऽरकाऽ वरुणन मुप्परि पाशा
अधमाऽ, मध्यमाऽ उत्तमाऽ
तमसस्परि हरिहरि, प्रस्तर हरहर

२. फिर आया सावन

(आ)

श्वेतारविन्द, रक्तारविन्द
श्रावण-माघ-योग लाया
फिर सावन आया
बोला—"लहर की तो सीमा है
पर अम्बर कब किससे बँधा है ?
मूल से मिलना ही तो उद्देश्य है
ओ आर्य !"
'विश्वं आर्यं कृण्वन्'
'अमृतस्य पुत्राः'
'ॐ देवाय जन्मने' !
देव और मानव का सम्बन्ध
मुक्ति के उस पार की भक्ति का
भगवत्-सृष्टि का निर्माण
सामवेद–प्रबन्ध
वृन्दा, वृन्दा, वृन्दा
वृन्दावन की शोभा सम्यक्
यह रासलीला 'ग्लोबल' है
भूमण्डल—भगवान् का सुन्दर गृह
छोड़ो मीन–मेख
भरने दो कुम्भ । सिंह में रवि का प्रवेश
धनिष्ठा है निष्ठावान् । वसुओं की प्रतिष्ठा
शततारा को वरुण का त्रिविधमयी पाश
अधमाऽ मध्यमाऽ उत्तमाऽ
तमस चीर कर बह चलो, व्याप्त कर हरहर

ಅನ್ನುತಿವೆ ಅಜೈಕ ಚರಣಾ
ओरूंगाल् चांगु-भला
भद्राकरणा, चंदाभरणा
भालचंद्रा, एकदंता, कुणि, इलि विलिविलि
तद्धितांता, कृदंता, वक्रदंता
स्वभावोक्तावक्रा । वक्रतुंडा । सुंडिलिनलि
दुंडा । सुत्तिदा मोऽदका, मकरंदा
मझा, पूतू, बोप्पा, शिव-शिव अेंदा
हस्ता, करा, शुंडा, किष्किदा सासिवेगणपा
वातापिय तणिपा
विघ्नकर्ता, हर्ता
कळेयलि मूषक दोषा
ओऽ यक्षा, यज्ञा, सर्वत्र ॐकारि
पुळिनद दारि मरूळ् मरूळ्
मृत्तिकावती । धूलीधूसर,
सदाऽ उदयोन्मुखा नेऽसरा
निसर्गा, विसर्गा, भर्गा, दुर्गा
हेरूंबा पिरिय महा उदरा
आनंदा । तुंबा
कृष्णन कैय्यलि कोट्टा । ई चंद्रभट्टा
सावित्रिय पट्टा ।
तीरितु बेळदिगळ इरूळु
सूर्यन हगलिन करूळु
करेयुत्तिदे माघ मघा मघा
घमा घमा गंधा
अरविंद बंदा
अग्निगु सोऽमगु कोडुकोळे
तंदा
'श्रावणा बंदा । किवि तेरि' अेंदा ।

कह रहे हैं अजैकचरण
वाह-वाह धन्य-धन्य अहहा
भद्राकरण चन्द्राभरण
भालचन्द्र, एकदन्त, नाच, मूषक
तद्धितान्त, कृदन्त, वक्रदन्त
स्वभावतः वक्रोक्ता, वक्रतुण्ड पुष्ट शुण्ड
लिपटे मोदक मकरन्द
वाह-वाह धन्य-धन्य शिव-शिव
हस्त, कर, शुण्ड, किष्किन्ध सासिवे गणेश[1]
वातापी को शीत प्रदानकर्त्ता
विघ्नकर्त्ता, हर्त्ता
मूषक दोष दूर हो
ओ यक्ष, यज्ञ, सर्वत्र ॐकारी
मरुमय पथ, रेत रेत
मृत्तिकावती धूलधूसर
सदा उदयोन्मुख सूर्य
निसर्ग, विसर्ग, सूर्य, दुर्गा,
हेरुक प्रिय लम्बोदर
आनन्द भरपूर
इस चन्द्र ने
सावित्री के सिंहासन को
कृष्ण के हाथ में दिया
चाँदनी रात गयी
सूर्य की किरणें गयीं
बुला रहा है माघ सुगन्ध फैलाकर
महकाता परिमल
अरविन्द आया
अग्नि और चन्द्र में आदान प्रदान
लाया और बोला
"सावन आया। श्रवण खोल"

---

१. विजयनगर के पास पम्पाक्षेत्र में गणेशजी का एक भव्य विग्रह है यह सासिवे गणपति के नाम से प्रसिद्ध है।

३. हेरिगे

मूर्धन्यद तेऽ जस्सिन
यावुदो किरण
तळेदिदे वर्ण वर्ण
श्रुतिगोऽ आभरण
ऋषि तेरेदनु
हृदयद गवक्षणिगेयनु
'लुसिकाऽ ! लुसिकाऽ !' एंदोरेदनु
मिडिदनु तंतिय हणिगेयनु :—
"अरि-इरू-हरि हरहर हरि हरि
गिरि गिरि सुत्ती इळिदू इळि इळेगे
ई गळिगे, आ गणिगे ।"
—एंदनु बंदनु बळिगे
अल्लोऽ मातोरगित्तु मौनद सेरगिनलि
अंतःकरणद बेरगिनलि
बा, रसिकने हिमवनु हरिसु
तमवनु संहरिसु
कवन भगीरथ-रथवु
निनगिदे सारथ्य ।
हितमित विरली सरणि
सात्विक पथ्य
अल्लोब्बर इल्लोब्बर
अब्बरविल्लद अंबर—
दलि नडेसलि नृत्य
होऽ ! होऽ ! पावन कृत्य
पावकस्तुत्य, होऽताऽऽ ताताऽऽ ताताऽऽ

३. प्रसूति

मूर्धन्य के तेजस् की
कोई किरण
वर्ण-वर्ण धारण कर
श्रुति का आवरण बनी
        ऋषि ने खोला
        हृदय का कपाट
पुकारा 'लुसिका लुसिका'
और तारों के जाल को झंकृत किया—
"जानों-रहो-बहो-हरहर हरिहरि
गिरि-गिरि का चक्कर काट, उतर, धरती पर
इस क्षण, उस क्षण"
—कह वह पास आया
वहाँ वाणी मौन के आँचल में लेटी
अन्तःकरण के विस्मय में
आओ, हे रसिक, हिम पिघलाकर बहा दो
अन्धकार को मिटा दो
कविता भगीरथ-रथ
और तुम सारथी-तुल्य
हित-मित रहे काव्य-शैली में
सात्त्विक हो पथ्य
बिरले लोगों के
आडम्बरहीन अम्बर में
चलने दो नृत्य
हो ! हो ! पावन कृत्य
पावक स्तुत्य, होताऽऽ ताताऽऽ ताताऽऽ

गमगम गंधद मार्ग ।
गंधर्वर स्वर्ग ।
काकुस्वरदलि स्फुरिसुव लौकिक अपवर्ग
तेऽजस्सिन गतियल्लिदे नीरेय नेरिनेरिगे
अर्थद शब्दद संधिय
सद्भावद हेरिगे ।

महकता सुगन्धित पथ
गन्धर्वों का स्वर्ग
अन्तःस्वर में स्फुरित लौकिक अपवर्ग
तेजस् की गति में है सुन्दरी का सामीप्य
अर्थ और शब्द के मेल से
होता है सद्भाव का जन्म ॥

४. नाकु तंति

आवु ईविन
नावु नीविगे
आनु तानद
तनननाऽ
        नानु नोनिन
        ईनिनागिगे
        बेऽनेऽ एऽनोऽ
        जाणि नाऽ
चारू तंत्रिय
चरण चरणद
घनघनित चतु–
रस्वना
        हतवो हितवोऽ
        आ अनाहता
        मितिमितिगे इति
        नननना
बेन्निनानिके
जनन जानिके
मननवेऽ सहि–
तस्तना

४. चार तार

नोट :—'चार तार' कविता कवि की एक अनुभूति है। इस कविता के चार भाग हैं जो वास्तव में एक ही भाग के चार पहलू हैं। प्रथम भाग में केवल ध्वनि की प्रधानता है तो द्वितीय में बिम्ब विधान है। तृतीय भाग में एक प्रश्न और एक उत्तर है। चतुर्थ में प्रथम भाग में आयी हुई ध्वनि को 'वागर्थ दाम्पत्य' का सहारा मिला है।

यह कविता सूक्ष्म शब्दों में मन्त्र-सी प्रस्फुटित हुई है। यह हैं बेन्द्रेजी के मन में समाये काव्य सर्जक 'यक्ष' के भाव। इनके विभिन्न अर्थ लगाये जा सकते हैं। इन चरणों को अनुवाद करने पर इस बात का डर है कि बहती हुई नदी पर अंकित चित्र की भाँति कविता के भाव तिरोहित हो जायेंगे—गतिहीन हो जायेंगे।

लेकिन यह सहज अनुमान हो जाता है कि कविता किस भाव से प्रेरित है। 'मैं' 'तुम' 'वह' और 'पुरुष' यें कवि की वीणा के चार तार हैं। इनका अर्थ है—'मैं' यानी पति, 'तुम' यानी पत्नी, 'वह' यानी इन दोनों के आधार स्वरूप होकर जनमनेवाला बच्चा और 'पुरुष' है इन सबके पीछे रहनेवाली परमशक्ति।

१—जब मनुष्य 'मैं' 'तुम' 'वह' से ऊपर उठ कर 'अहं' को त्याग कर 'पुरुष' को जानने का प्रयास करता है तब उस परब्रह्म का स्वर 'तननना' के रूप में गुंजरित हो जाता है।

कवि इस बात का अनुभव करता है कि 'मैं' 'तुम' के पीछे खड़े उस आत्मस्वरूपी को पहचान लेने से ही समस्त दुःख दूर हो जाते हैं। कवि के चार तार के हर चरण में चतुरस्वन ठूस-ठूसकर भरा है। वह अनाहतनाद बाहर निकलते समय हित बनकर झंकृत होता है। अपने जन्म का आभास होने के साथ बच्चा इस बात को भी जान जाता है कि उसकी पीठ के लिए एक आधार-आश्रय भी है। उसका ध्यान करता हुआ वह स्तनपान करने लगता है।

२

गोऽविन कोडुगेय
हुडगद हुडगि
बेडगिले बंदळु
नडुनडुगि;
　　सलिगेय सुलिगेय
　　बयकेय ओलुमे
　　बयलिंन नेय्गेय
　　सिरियुडुगि;
नाडिय नडिगेय
नलुविन नालिगे
नेनेदिरे सोलुव
सोल्लिनलि;
　　मुट्टद माटद
　　हुट्टद हुट्टिगे
　　जेऽनिन यळमळि
　　सनिह हनि;
बेञ्चिद वेच्चवु
बसरिन मोळके
बञ्चिदावुदो
ना तिळिये ।
　　भूतद भाव
　　उद्भव जाव
　　मोले ऊडिसुवळु
　　प्रतिभे नव

२—यही विचार दूसरे भाग में एक रूपक के रूप में आता है। प्रथम भाग का 'तननना' नाद यहाँ चित्र बन गया है। वाणी यहाँ स्त्री वेश में है और उसके वस्त्राभरण तथा चाल-गति का वर्णन है। और वह अपनी सामर्थ्य से अतीत के भावों को अपनाये, भविष्य को प्रकाशमान करते स्तनपान कराती है।

३

'चित्तीमळि, तत्ती हाकतित्तु
स्वाति मुत्तिनोळग
सत्तिऽयोऽ मगनऽ
अंत कूगिदरू
सावी मगळु, भावी मगळु
कूडि ।'

'ई जग, अप्पा अम्मन मग
अम्मनोळग अप्पन योग
अप्पन कत्तिगे अम्मन नोग
ना अवर मग
श्रीगुरुदत्त अंद

४

'नानु' 'नीनु'
'आनु' 'तानु'
नाके नाकु तंति
सोल्लिसिदरू
निल्लिसिदरू
ॐ ॐदंति !
गणनायक
मै मायक
सै सायक माडि
गुरिय तुंबि
कुरिय कण्णु
धातु मातु
कूडि ।

३—तृतीय भाग में कवि से एक प्रश्न है और कवि ने बड़े सहज स्वाभिमान से उसका उत्तर दिया है। लेकिन यह कूट रूप में है। स्वाति की वर्षा की बूँद सीप में पड़ने पर वह मोती का रूप धारण कर लेती है। लेकिन यह मोती चैत्र की वर्षा में हो रहता है! इस व्यवहार को देखकर भूत और भविष्य की बेटियाँ कहती हैं—'तू तो मर गया बेटे!' यहाँ सत्, चित् और तत् शब्दों का श्लेष भी है। इस प्रश्न का उत्तर है—' यह जग माता-पिता (प्रकृति पुरुष) का पुत्र है। माता में निहित पिता का मुख और पिता के कन्धों पर माता के संस्कार की परम्परा है। "मैं उन दोनों का पुत्र हूँ" ऐसा कवि 'अं.द' (अम्बिकातनय दत्त—बेन्द्रेजी का काव्य नाम) ने कहा। यहाँ 'गुरुदत्त' शायद कवि के अन्तःकरण की ध्वनि है।

४—चतुर्थ भाग में 'वागर्थ दाम्पत्य' सम्बन्ध है। जिस तरह गणेश शिव-पार्वती का पुत्र है उसकी तरह ॐकार स्वरूपी वक्रदन्त, चिन्तन दृष्टिवाले गणनायक गणपति भी शब्द और अर्थ के दाम्पत्य का फल है। यहाँ कवि ने स्पष्ट कहा है कि 'मैं' 'तुम' 'वह' और 'पुरुष' ये चार उसकी काव्यवीणा के चार तार हैं।

५. अणु-महत्

(अ)

१

'शून्यदल्लि लोऽकोऽदय
शून्यदल्लि लोऽकलय'
बुद्धिशून्य मोळगिद
इद्दहागे मुळुगिद

२

गलन मत्ते पूरण
जीव ओळगे हूरण
जीव प्राण
प्राण जीव
लोऽकदाचे शून्यवु
लोऽकवेऽ अनन्यवु
लोऽकोऽत्तरनागबेऽकु
लोऽकोऽत्तम जीवनु

३

लोऽक-देऽह-लोऽचना
ज्ञान-स्नेऽह-शोऽषणा
अग्निगिहुदु अस्त-उदया
प्रळयवे अदराळया

५. अणु-महत्

(अ)

१

"शून्य में लोकोदय
शून्य में लोक लय"
बुद्धिशून्य झंकृत कर
शनैः शनैः अस्त हुआ ।

२

स्खलन और संचयन
जीव और सत्त्व
जीव प्राण
प्राण जीव
लोक के उस पार शून्य
लोक ही अनन्य
लोकोत्तर दृष्टि हो
लोकोत्तम जीव है ।

३

लोक - देह - लोचना
ज्ञान - स्नेह - शोषणा
सूर्य - धर्म अस्त - उदय
प्रलय में समाहित लय

एऽके भय सदा अभया
सत्तेंबुदु तत्तियु

४

एण्णे हुणते बत्तियु
अधमोऽत्तम मध्यम
बुद्ध-धम्म-संघ सम
विषमदल्लि शून्यवु
विरक्त क्षत्र जन्मवु ।

(आ)

१

स्थलवेऽ चलवागुत्तले
ज्वलिसित्तालोऽचना
जडवु जलिसि, नीरू नेलिसि
कंडे भक्तमोऽचना

२

कन्नडवेऽ कण्णागि
कण्णे कन्नडिथागि
कंडिद्दु नोऽडिद्दु ओंदायितु
इखु इरविनोळित्तु
अरिवु अरिविनोळित्तु
इरवु अरिवू हरिवु नंदायितु ।
अदुवे मुंदायितु
इदुवे हिंदायितु
नडुवे निंदादाग मडुवायितु
नंदु निंदू ओंदु

भय क्यों, सदा अभय
तत्त्व का अस्तित्व सत्य ।

४

तेल - दीप - बाती
अधमोत्तम मध्यम
बुद्ध - धम्म - संघ
शून्य सम - विषम
विरक्ति क्षत्रिय जन्य है ।

(आ)

१

स्थिर, गति पाते ही
ज्वलित होने लगा वह लोचन
जड़ता मिटी, भक्ति जल समाते ही
दर्शन देने आये कष्टमोचन ।

२

कन्नड़ ही नेत्र बनकर
नेत्र ही दर्पण बनकर,
देखा - भोगा सब समाहित हुआ
अस्तित्व अस्तित्व में था निहित
अनुभूति अनुभूति में भी निहित
अस्तित्व अनुभूति से प्रभावित हो हर्षित हुआ
वही आगे रहा
यही पीछे रहा
बीच में तुम्हारा हुआ तो पोखरा बना
मैं और तुम एक है

एड बलवु होलेहोंदु
नेत्ति बित्तिगु उद्द शिवनधार ।
ओळके इद्द अगस्त्य
होरके इद्द पुलस्त्य
ओल-होरगु नेरे नेरेतु एऽकसार
बिंब मूर्तिय चेंद
सच्चित्तु आनंद
बिन्नाण भक्तियलि गडुवायितु ।
ऊरू मूरर दीप
बेळगु श्वेत द्वीप
विट्ठलन इत्तंड सूत्रदाधार
उपनिषत् सार ।

[illegible]
नारायणन ऊरू
ऊर्वसिय बसिरिनलि मित्र वरुण
आ वसिष्ठनु मत्ते आ अगस्त्यन उदय
एंटु वसुगळ गंटु
घनगोंडितु ।
ओंदे इपत्तेऽळु
मुंदे मूवत्तेऽळु
मूवत्तु आररलि अरवत्तुमूरू
ओंदु सोन्नेय हिंदे
भव-भाव बलदिंदे
नूरू नूररोळित्तु साविरद ऊरू ।
मातुः सरोऽवरद
अरविंदवरळिरलु
गंध गंधदोळीग भूतिबुक्किट्टु
ताळ नादालयवु

एक ही सम्बन्ध है एक ही सूत्र।
कपाल का आधार है लम्बा शिवसूत्र
भीतर था अगस्त्य
बाहर था पुलस्त्य
भीतर - बाहर उमड़ आया या ज्वार एकरसता का।
सत् - चित् आनन्द
आडम्बर विनय - भक्ति में विलय हुआ
गाड़ दो त्रिशूल - दीप
आलोकित कर दो श्वेत द्वीप
विट्ठल दो पक्ष जोड़ने का आधार
क्यों कि उनमें समाया है उपनिषद् - सार

३

दिव्य ज्योति का जल
नारायण की जंघा से उर्वशी
और उर्वशी के गर्भ द्वारा मित्र - वरुण से
वसिष्ठ और अगस्त्य का जन्म
अष्ट वसुओं का समूह
गहन हो उठा
एक सत्ताईस
आगे सैंतीस
छत्तीस में तिरसठ
एक शून्य के पीछे
भव-भाव बल से
सौ सौ में समाये थे अमर देश
मातृ सरोवर का
अरविन्द खिलते ही
गन्ध-गन्ध में विभूति सुगन्धित हुई
ताल नादलय हुआ

मैये महिमामयवु
जीवरस भावरस समरसक्किट्टु ।

४

ॐ ज्ञं नमोऽ ॐ । हुंकार शंखा
नभदल्लि हंसा । शीर्षावतंसा
नंदि आनंदि । नी शिवन बंदि
ओऽ हनुम प्रणमा । समनमन अममा
गरुडगरिगेदरि । तुंबिहनु चेदुरि
गणपना इलियु । बेल्लवेऽ बलियु
शिवनाग बंधा । तारकन कोंदा
काम कमनीय । राम रमणीय
इदिरिगिहर्निद्रा । सूर्यनिगे चंद्रा
होक्कळद ब्रह्मा । इक्कळद तम्म
उन्निद्र मीना । तनगे आधीना
वासुविगे शेऽषा । क्लींगेऽके क्लेऽश
अष्टदिग्गजके । नेले नीरु निजके
कूर्मनोऽ कूर्म । ह्लींप्रेऽम मर्म
इदु श्वेऽत-कृष्णा । आगलि वितृष्णा

भक्तिमाधुर्यदलि प्रेऽमशक्ति
श्रीकृष्ण-राधेयलि रंजक विरक्ति ।

देह महिमामय हुई
जीवरस भावरस, एक समरसता हुई।

४

ॐ ज्ञं नमो ॐ। हुंकार शंखा
नभ में हंसा। शीर्षावतंसा
नन्दी आनन्दी। तू शिव का बन्धी
ओ हनुमा प्रणमा। समनमन अममा ?
गरुड़ ने पंख पसारे। भ्रमर ने गुंजन किया
गणपति के वाहन को। गुड का भोग दो
शिवनाग बन्धन। तारक को मारा
काम कमनीय। राम रमणीय
सम्मुख है इन्द्र। सूर्य को चन्द्र
ब्रह्म और नाभि का सम्बन्ध सण्डासी के दो भागों जैसा
उन्निद्र मीन। अपने आधीन।
विष्णु की शैया है शेष। फिर कैसा क्लेश:
आधार अष्ट दिग्गज, निवास जल-थल
कूर्म तो कूर्म। ह्लीं प्रेम मर्म
यह श्वेत-कृष्णा। होने दो वितृष्णा।

भक्ति माधुर्य में प्रेम शक्ति
श्रीकृष्ण-राधा में रंजक विरक्ति

६. तम्म नेनेव

कल्लु-कागद-कडतगळलि कालन कालु
सिक्कु तोळलाडुवलि कुणिके बिडिसिदरण्ण
करूवनाडिसिसदंते अदनु कुणिसाडिदिरि
तणिदिरि, नीवु तणिसिदिरिं ह्निसिद कण्ण ।
        वीर चिंतक, निम्म ध्यान बुद्धिगे गम्य
        निमगे नीवेऽ पूर्वपक्ष अक्षर-रम्य
        नडु ह्ादियल्लेऽ बिडबहुदेऽ जोगियकंते ?
        नावु बरबहुदु कन्नडके ! नीवू अंते ।
पैगे पै लेक्क ओप्पिसिदिरा ? गोविंद
ओपिदने ? ना नेनेवे कस्तूरि जव्वादि
होरगे होगे बूदि, ओळगोळगे अग्निय ह्ादि
निम्म जिज्ञासेगेल्लिदे मुगिवु ? पदकादि ?
ह्रिसिदिरि तरुणरनु आ असूयेये दग्द–
कालज्ञानि ! मुग्ध ! अक्करिगनेऽ ! विदग्ध !

६. भाई याद करता है !

काल के चरण जब शिलालेखों, पाण्डुलिपियों, वस्त्रलिपियों में
फँसकर छटपटा रहे थे, भैया आप ने उन्हें फन्दे से छुड़ाया
जैसे किसी बछड़े को मुक्ति दिलाकर खेलने खुला छोड़ दिया हो।
उनको तृप्त किया, स्वयं तृप्त हुए आनन्दाश्रु बहाकर
प्रखर चिन्तक, आपकी महानता हमें खूब ज्ञात है
आप अपने लिए स्वयं पूर्व-पक्ष अक्षर रम्य
क्यों बीच मार्ग में छोड़ा जोगी-चीवर
हम जैसे कन्नड में आये, आप भी वैसे।
पई[1] पई का हिसाब दिया है आप नें ? गोविन्द[1] ने
स्वीकारा उसे ? मैं स्मरण कर रहा कस्तूरी जवादि
बाहर धूम्र भस्म, भीतर-भीतर अग्निपथ
आपकी जिज्ञासा का अन्त कहाँ ? और आदि कहाँ पद का ?
युवकों को आशीष दिये, असूया को जला दिया
कालज्ञानी ! निष्कपट ! दुलारे ! विद्वान् !

---

१. गोविन्द पई : स्वर्गीय गोविन्द पै कन्नड का सुप्रसिद्ध कवि, विद्वान्, संशोधक, बहुभाषा विशारद थे। उन्होंने ग्रीक नाटकों में कन्नड शब्दों को खोज निकाला था। कन्नड साहित्य काल-निर्णय क्षेत्र में उन्होंने महत्त्वपूर्ण कार्य किया था। वे कर्नाटक के राष्ट्रकवि भी थे।

७. देऽवुडु

बालनंथ देऽवुडु । उन्मत्तनंथ देऽवुडु
जड-पिशाचि देऽवुडु । हुच्चु मरूळु देऽवुडु
जीवनवेऽ नाटक । तानू ओब्ब नोऽटक
आटवोऽ बूटाटवोऽ ? नोऽटवेंद देऽवुडु
अेद्द, बिद्द, ओद्दाडिद । गुद्दाडिद देऽवुडु
सूत्ताडिद, लेत्ताड़िद । कित्ताडिद । देऽवुडु ।
कुंटुगालिनिंद होरट । वैकुंठके देऽवुडु
कुरुडुगण्णिनिंद कंड । कैलासव देऽवुडु
वेऽदतीर्थ, बुड्डनगिरि । बाळकदळि करेवुदु
अर्धमर्ध एल्ल केलस । बरबेऽकु देऽवुडु
देऽवरन्नु मरेयदंते । गुरूविनल्लि बेरेयुवंते
विनयदल्लि मेरेयुवंते । बरबेऽकु देऽवुडु
एल्ल क्षेऽम, एल्ल योऽग । इंद्र भोऽग देऽवुडु
एऽनकेऽन बरूवुदेऽनोऽ ? मेऽनकापतित्ववु
गायित्रिय गात्रवेल्लि । शकुंतला सतीत्ववु
भिक्षाटन चरिते उंटु । शंकरनिगु रुद्रगू
त्रिरहयोऽग विरहभोऽग । तप्पलिल्ल गौरिगू
अवमरणके उद्धरणके । सोऽपानवु जीवन
क्रोऽध, शाप, देवताप । एल्ल तपवु पावन
अरिवुदेऽनु ? मरेवुदेऽनु ? लीलेगुंटु कालवु
ईसिसुवुदु मुळुगिसुवुदु । अदु मायाजालवु

७. देवुडु[1]

बालक-सा देवुडु । उन्मत्त-सा देवुडु
जड-पिशाच देवुडु । उन्मादित देवुडु
जीवन एक नाटक । स्वयं भी एक दर्शक
जीवन को खेल समझा ? या खेल का दिखावा समझता रहा देवुडु
उठा, गिरा, छटपटाया । संघर्षों में जूझा देवुडु
घूमा-फिरा, जुआ खेला । विरक्त रहा देवुडु
    लँगड़ता चला वैकुण्ठ को देवुडु[2]
    अन्धी आँखों से कैलास को देखा देवुडु[3]
देवतीर्थ, बुड्डनगिरि की जीवन-कदली बुला रही
आधा-अधूरा पड़ा कार्य । आओ, आओ, देवुडु
ईश्वर को न बिसरे-से । गुरु में समन्वय-से
विनय से सुशोभित-से । आ जाओ देवुडु
सर्वक्षेम, सर्वयोग इन्द्रभोग देवुडु
एनकेन आ जायेगा मेनका पतित्व ?
गायत्री का गात्र कहाँ, शकुन्तला के सतीत्व में ?
भिक्षाटन का इतिहास है शंकर और रुद्र को भी
विरह योग विरह भोग, गौरी को भी छूटा नहीं
उत्कर्ष-अपकर्ष सोपान हैं जीवन के
क्रोध, शाप, देवताप । सब तपस्या पावन है
क्या जाने ? क्या भूले ? लीला का समय है
तैरना, डूबना । वह माया जाल है ।

---

१. देवुडु जी का पूरा नाम था—देवुडु नरसिंह शास्त्री । संस्कृत विद्वान् । 'महाब्राह्मण', 'महाक्षत्रिय' जैसे प्रसिद्ध उपन्यासों का लेखक । उनकी कृतियों में वैदिक कालीन भारत के पुनर्निर्माण का चित्र है ।
२,३. मरने से पहले इन्हें पैर और दृष्टि-ज्योति खोनी पड़ी थी ।

नहुष, याज्ञवल्क्य मल्लि । समित्पाणि देऽवुडु
ब्रह्म-क्षत्र कुरुक्षेऽत्र । अदु पवित्र देऽवुडु
स्तंभदल्लु बिंबविदे । नंब बहुडु देऽवुडु
कुंभ बरिदु एंदरेऽनु । बथलु बरिदे ? देऽवुडु

नहुष, याज्ञवल्क्य में । समिधपाणि देवुड्
ब्रह्म-क्षत्र कुरु क्षेत्र, वह है पवित्र देवुड्
पत्थर में भी बिम्ब है । मानेगा देवुड्
कुम्भ भले ही रिक्त हो । क्या व्योम रिक्त है ? देवुड्

८. श्री विवेऽकानंद शिखर-प्रगाथा

१

गौरिशंकर इत्त । इत्त कांचनगंगे । अत्तत्त परमहंसर सवारि
आत्मक्रीडः, आत्मरतिः, सच्चिदात्मविहारि, हृज्जेमूडद दारि
अदोऽ ! विवेऽकानंद नीडिदनु दारि, उदारि । शिखरदिं शिखरक्के हारि
        ई हादि, अनादि, हृदय संवादि
        सुनादि, सरिगम सनादि, त्रिज्ञान-बोऽधि
                संज्ञान-संबोऽधि
"सह वीर्यं करवावहै
तेऽजस्वि नावधीतमस्तु, मा विद्विषावहै"
"समानी व आकूतिः समाना हृदयानि वः"
निःपक्ष वेऽदांत, पूर्ण बोऽधांत; इदु स्वयं सिद्धांत
                परमामृतांबोऽधि ।

२

"नंदि नानु । आ–। नंदि नानु । आ वृषभध्वज, एत्तूऽऽ
                बंदे ना शिवशक्तिय होत्तु
एत्तोऽ ? एत्तु अल्ल इदु—हंडहोऽरि ! ता । मुगदाणव मीरि
नंदि कोऽलदलि, मंदि मंदि तुरुमंदि संधि, संधी
                मुक्तर संबंधी
आ–विवेऽक लहरि अदु, प्रति प्रहरि, प्रहरी
गळिगे गळिगे घट घट प्रस्तरी, इदु मलापहारी
नंदकंद लहरी ! स्कंद शिलाळहरी । स्वाऽनंद लहरि
निःस्वानंद लहरि ।

८. श्रीविवेकानन्द शिखर-प्रगाथा

इधर गौरीशंकर, इधर कोचनगंगा, उधर परमहंस की सवारी,
आत्मक्रीड़ा, आत्मरतिः, सच्चिदात्मविहारी, पदचिह्न रहित पथ
लो ! विवेकानन्द ने प्रशस्त किया मार्ग, उदारमना,
शिखर से शिखर पर पहुँचकर

यह मार्ग अनादि, हृदय-आह्लादी
सुनादी, सरगम सुनादी, विज्ञान-बोधि
संज्ञान-संबोधि !
"सह वीर्यं करवावहै
तेजस्वि नावधीतमस्तु, मा विद्विषावहै"
समानीव आकूतिः समाना हृदयानि वः"
निष्पक्ष वेदान्त, पूर्णबोधान्त, यह स्वयं सिद्धान्त
परमामृताम्बोधि ।

२

"मैं नन्दी । मैं आनन्दी । मैं वृषभ हूँ वृषभध्वज उठाये शिवशक्ति को समाये
बैल ? यह नहीं बैल—वृषभ । नकेल की अवहेलना कर
पशुमेले में ढोरों का झुण्ड, मैं मुक्तों का सम्बन्धी
वह विवेक लहरी है, प्रतिप्रहरी, प्रहरी
यह पल-पल में घट-घट में व्याप्त है—कल्मषहारी
नन्दलाल लहरी ! स्कन्द शिलालहरी । संवाद लहरी ।
निःस्वानन्द लहरी ।

३

ओगटु रेंडिनलि मूडुनिद्दे, ना मुळुगुतिद्दे, निद्दे, निद्दे—स्वप्नहारि
नलिवु मन्नियलि, ओलिव सन्नियलि रंग रंग हूडि
श्रीरंगदलि, पांडुरंगदलि, नाल्कर नुडि हाडि
मौनमुद्रे ओत्ति, श्रीचरणक्केत्ति
ऋभुवु इद्दे, आ भूऽ एंदु ना प्रभुवू आगिद्दे
विभुवु आगि, संभविसलिद्दे, हो ! अतिभूमिगे प्रति ना उद्भविसिद्दे
नर-नारायणरा विद्ये श्रृंगेऽरिय अंगांगदलिऽऽ
श्रीशैलवनू मुट्टिद्दे, कल्याणवनू कट्टिद्देऽ
तिरूमलेयन्नू मट्टिद्दे, उडुपियन्नु ना कटिद्दे
भरतखंडदा उत्तरवन्नु, ध्रुवमंडलदा एत्तरवन्नु गोम्मटनागि नट्टिद्दे
कन्याऽकुमारियलि मुळुगिद्दे–। काश्मीरद ओळगिद्दे ।
श्रीगुरूविन बळिगिद्दे
नंदि नानु । आ– । नंदि नानु, आ ऋषभध्वज एत्तू
बंदे ना शिवशक्तिय होत्तु ।

४

स्वयंभू, स्वयंभू, स्वयंभू हेऽ
परिभाविसे कवि-मनीषियोऽ
ईसावासके शेऽषनु आगि । बलरामनोलेऽ अभयवु मागि
फड़फडिसुन्न अग्निज्वाले ! श्रीकंठद शंकक्कनुकूले
ॐ, ॐ, अं, अः सोऽहं हंसः
ब्रह्मरंध्रदलि, सहस्रारदलि, मानेय घोऽषद संतोऽष
आऽ आऽ आऽ नंदि । ऊर्ध्वगतिय होंदि
ईये कामधेऽनु ! नंदियादे नानु
चिन्तामणिगोऽ हणेतिक्किद्दे
कल्पवृक्षगळ बन होक्किद्दे
अप्सरेयर वृंददि सिक्किद्दे

३

अद्वैत-द्वैत में उगता-डूबता था, निद्रा-निद्रा स्वप्नहारी
नृत्य-सत्य में, प्रसन्न मुद्रा में नाना रंग बिखराकर
श्रीरंग में पाण्डुरंग में चार वेदों को गाकर
मौन मुद्रा अंकित कर, श्रीचरणों में आरती उतारकर
ऋभु था, भू बनकर मैं प्रभु भी बना था।
विभु बनकर, जन्म लेनेवाला था, ओह! अतिभूमि के विरुद मैं जनमा था।
नर-नारायण की विद्या, शृंगेरी के अंगांग में
श्री शैल भी पहुँचा था, कल्याण[1] भी बसाया था
तिरुमले भी पहुँचा था, मैंने उडुदी भी बसायी थी
अलिन्दी के मध्य पहुँचा था, पण्ढरपुर बसाया था
भारतवर्ष के उत्तर और ध्रुवमण्डल की ऊँचाई को गोमहेश्वर
बनकर स्पर्श किया था
कन्याकुमारी में डुबकी लगायी थी। कश्मीर में था। श्री गुरु के संसर्ग में था
नन्दी मैं। आनन्दी मैं, वृषभध्वज को उठाये, शिवशक्ति को समाये।

४

स्वयम्भू, स्वयम्भू, स्वयम्भू हे!
विचार चिन्तन में मैं कवि-मनीषी हूँ
स्वर्ग का शेषनाग बन। बलराम में अभय बन
प्रज्वलित अग्निशिखा। श्रीकण्ठ का शंखानुकूल
ॐ, ॐ, अं, अः सोऽहं हंसः
ब्रह्मरन्ध्र में सहस्रार में, माता के घोष का आनन्द
आनन्दी। ऊर्ध्वगति को प्राप्त हो
कामधेनु ने जन्मा तब बना मैं नन्दी
चिन्तामणि से ललाट घिसा था
कल्पवृक्षों के वनों में घुसा था
अप्सराओं के मध्य फँसा था

---

१. कल्याण– कन्नड़ के वीरशैव कवियों का पुण्यक्षेत्र—प्रसिद्ध स्थान। यह राजा बिज्जल की राजधानी भी रही। वीरशैवभक्त शिरोमणि बसवेश्वर बिज्जल के प्रधानमन्त्री थे।

‘श्री गुरूवेऽ शरणु’ एंदे । हिमालयके बंदे
उमा-यक्षिम् साक्षियागि । आ । श्रमदोळगिगिद्दे
नदिय हागे ता निनदिसुबुदु आ दिव्य ध्वनि केऽळि । अेऽळि अेऽळि अेऽळि
अेत्तर केऽळी, उत्तर केऽळी, आ-बित्तर केऽळि

५

अहं एंदु ना उरियुत्तिद्दे । नंदि नानु आगारियुत्तिद्दे
आनंदी । आनंदी
शिवनिल्लदा आ शक्तियावुदोऽ ? । भगवन्महिमेय भक्ति ईवुदोऽ ?
देऽहदल्ले निःसंदेऽहियु ना । देहलि दीपद सुस्नेऽहियु ना
बत्तियादे ! ई– । बत्तियादे ! हू– । बत्तियादे ना
नंदादीपद कुडिऽ । निर्वाणद कैपिडीऽ
उरि, उरि, उरि, दिक्करीऽऽ
शेऽष फणा मंडल संचारि । कूर्मद बेन्नलि कुणियुव नारि
यारीके ? यारीके ? हंसन हारिके ! शुकन सारिके
बांबोळेयोळु होळेयुव नीहारिके
भक्ति-हृदय कुवलय सुविहारी । रासलीलेयलि मेट्टुव चारि
बारि बारि, अवतारियागि । उद्धारके इदु दारि
सोपान कट्टि, होक्करणे होक्कु, हृत् पुंडरीक सेऽरि
अरळिसुव प्रभातद ‘फेऽरि’
भृंग भृंगगळ गुंगिनल्लि, तंगिरूवी प्रविवेकी
श्रीरामकृष्ण हरि, रामकृष्ण हरि; बिलहरि सावेऽरी
कावेऽरि असात्रेऽरी
निर्वर्तक मीरि, निर्विचार सूरि, अस्मितानु सारी
(आनन्द लहरि)
कंठसूत्रकारि, ओऽले तंद भारि
शारदामणि—क्रंऽ । कणण झणत्कारि । कुंऽकुमित पताकाचाऽरी
श्री रामकृष्ण हरि, रामकृष्ण हरि जंऽ । गमित निराभारी

"श्री गुरु शरणागत" कहा । हिमालय में आया
उमा-यक्षी भी गवाह थीं । आश्रम में ठहरा था
नदी-सी ध्वनित होती है वह दिव्य वाणी सुनो । उठो, उठो, उठो
बुलन्दी सुनो, उत्तर सुनो, वह विस्तार सुनो ।

५

अहं ब्रह्मास्मि में मैं जल रहा था । मैं नन्दी तब समझ रहा था
शिवरहित वह शक्ति कौन सी, जो भगवत्-महिमा की भक्ति प्रदान करेगी ?
मैं देह में ही निस्सन्देही । मैं देहरी-दीप का सुस्नेही हूँ ।
बाती बना । विभूति बना । पुष्पबानी बना
मैं दिव्य अमर-ज्योति की बाती, निर्वाण का मार्गदर्शक
जल, जल, जल, दिग्गज
शेषनाग फणमण्डल संचारी । कूर्म की पीठ पर नाचती नारी
कौन वह ? कौन वह ? हंस की उड़ान । शुक की सारिका
आकाशगंगा में खिलती धवलता
भक्ति-हृदय-कमल सुविहारी । रासलीला में नाचनेवाला संचारी
बार-बार अवतार लिया । यह उद्धार का मार्ग था
सोपानों का निर्माण कर, पुष्करिणी में प्रविष्ट हो, हृत्-पुण्डरीक में
पहुँचकर खिलाता नवप्रभात की 'फेरी'
भ्रमरों के गुंजन में, रुके प्रविवेकी
श्रीरामकृष्णहरि, रामकृष्णहरि, बिलहरी, सावरी, कावेरी, आसावरी
श्रेष्ठ तर्क को जीतकर, निर्विचार विद्वान् अस्मिता का प्रसार कर
(आनन्द लहरी)
कण्ठ सूत्रकारी, पत्र लाया भारी
शारदामणि—कंकण की झंकार, कुंकुमित पताकाचारी
श्रीरामकृष्णहरि, रामकृष्णहरि जंगमित निराभारी

६

मोन्ने मोन्ने इद्द, पंचाग्नि सिद्ध, सभ्यतेगेऽ इव बद्ध
'ॐ भवति' एंदा सारि
माऽ । नवतेय मैसेऽरी । पराकु दैवद पडिहारी
ॐ तत् गत्तिनलि नडेदनु सन्यासि
नवयुगद हऽदि हासी
स्वच्छंद उपन्यासी
"संगच्छध्वं संवदध्वं सं वोऽमनांसि जानतां
देऽवा भागं यथापूर्वेऽ संजानाना उपासतेऽ"
इदु वृषोऽधर्म, अधियज्ञ कर्म
इदु शांतवीर—गाथाऽ । प्रगाथा । दंडकानुकारी
सदु हृदय हारि । संवित् चकोरि । इदु साम अेऽकतारि
ॐ मनन तनन श्री गुरूध्याना । अंबिकातनय नाना
इदकेऽनिदे अनुमाना ?
अेदे उसिर तुत्तु, मूरू होत्तु
आनंदि नानु, आनंदि नानु आ वृषभध्वज अेत्तु
बंदे ना शिवशक्तिय होत्तु
ई होत्तु

६

परसो परसो या, पंचाग्नि सिद्ध, सभ्यता से कटिबद्ध
ऊँ भवति का प्रसार किया
मानवता के शरीर में प्रविष्ट हो। धन्य धन्य दैव का प्रहरी
ऊँ तत् ज्ञान से चला संन्यासी
नवयुग के दायित्व का प्रसार कर
स्वच्छन्द प्रवचन कर्ता
"संगच्छध्वं संवदध्वं सं वो मनांसि जानताम्
देवा भागं यथापूर्वे संजानाना उपासते"
यह वृषो धर्म, अधियज्ञकर्म
यह शान्तवीर-गाथा। प्रगाथा। दण्डकानुकारी
सद्हृदयहारी। संवित् चकोरी। यह साम एकनारी
ऊँ मनन तनन श्री गुरुध्यान। मैं हूँ अम्बिकातनय
इसमें क्या शंका है!
हृदय श्वास आहार ग्रास तीनों बार
आनन्दी मैं, आनन्दी मैं इस समय मैं वृषभ, वृषभध्वज को
उठाये, शिवशक्ति को समाये।

९. पालिगे बंददु

'बेंद्रेऽ' न गोऽळु—अदु होऽळु होऽळु;
पड्डुवदष्टू पाडु आगलिल्ल ।
हसिरिमले ओणगिद्दु, कोळकागि गोणगिद्दु
तिंडियलि तीरिद्दु, ओगरू हुळियु
        कसवु कूडा रसवु
        रसपाक हसिबिसियु
पिंड मूर्तिसिदष्टु कंड काण्के
उळिद उसिराटवोऽ हुसिद हूण्के
हुंकार, ठंकार, शंखक्के शंख
(निःशंकनल्लि बेकागिल्ल बिंक)
सुत्तुमुत्तिन कावु, त्वळिगे अंकडोंक
नन्न मंडलदल्ले नन्न अंडलेदाट
होरगिनदु काट—माट
बेऽटवोऽ कूटवोऽ पाटागि सुरिददु
अग्गवणि—कण्णमणि
गुणिसिद गुणाकार, भाज्य, भाग्य
उंडिछु भोऽग्य
बिट्ट अेंजलुराशि, सुपर-मुपर वैराग्य ।

९. अपने हिस्से का

'बेन्द्रे' का शिकायतनामा है खण्ड-खण्ड
जो भोगने योग्य परिपक्व भी नहीं हुआ
हरियाली में ही सूख गया, जंग लगा क्षुब्ध हुआ
क्षणिक उत्तेजना मात्र कसैली और आम्लिक
कूड़ा-कचरा भी बना रस
रसपाक आधा—अपूर्ण
इस मृतपिण्डा ने जितना देखा-समझा उतना अंकित किया
शेष श्वासोच्छ्वास तो व्यर्थ का प्रयास
हुंकार, टंकार, शंख के बदले शंख
(निश्शंक में अहं का अभाव)
माहौल के शीत-ताप में ढला
अपनी परिधि में ही मेरी दौड़-धूप
बाह्यपीड़ा की है पहचान
सुख और दुःख समान रूप से पाया
वही तीर्थ-मनोहर
गणित गुणा और भाज्य है भाग्य
त्यक्त जूठन के ढेर तो ओढ़ा हुआ वैराग्य ।

१०. अहं, इदं

अेला अेला अेंयदी कन्नडियु !
नन्न मुखवेत्त ? ई प्रतिबिंबवेत्त ?
इदिरिगिदु मुखवोऽ....
चहरेपट्टिय चेऽष्टे !
उरूटुगूदलु, ओरटोरटु बेरटु तले,
हणेतुंब तुंडुगेरे
हुब्बु हरकु हरकु
होगे मुसुकु कल्लिनलि बेंकि इरबहुदु
मीसेयु बटाबयलु, ओऽहोऽ, इल्लिदे मूगु
दप्प तुटि, चाचु तुटि, कच्चु तुटि
गद्द मुद्दागिल्ल, बरी मुद्दे ।
इदु याव मुद्रेय विद्ये ?
इदु नन्न मुखवेऽ ?
रावुगन्नडियल्लि भूतचेऽष्टेये बेऽके ?
हौदु, ना कंड नन्न मुख नेरळिनल्लिये मात्र
आदरू, आ मुखकु ई मुखकु
अजगजांमर साम्य
'नन्नददु मुख ? हौदु !
हागादरे, इदु मुखवेऽ अल्ला !
सद्दु इदिरू मुखदिंदलू बंतु अंते सद्दु ।
प्रतिबिंबदिंद बंतेऽ प्रतिध्वनियु ?
टगरू टगराटदलि, अहमहम्मिगे इदिरू
व्यक्ति व्यक्तिगे एदरू ।
सूक्तिगोऽ इदे क्षाम
बडिगे बडिदाटक्कु, बायुगे बायेऽ क्षेऽम ।

१०. अहं, इदं

क्या खूब यह दर्पण !
कैसा है मेरा मुख ! और कैसा है यह प्रतिबिम्ब !
यह मेरा मुख ही तो है....
एक मुखौटे का स्वांग !
कुंचित, शुष्क केशराशि से ढका सिर
ललाट पर कटी-पिटी रेखाएँ
घनी, मोटी भौंहें
धूमिल नेत्रों में निहित आग
बिखरी मूँछें, और यहाँ नाक,
मोटे, भटके, कुतरे हुए ओठ
लोथड़े-सी भद्दी चिबुक
यह कौन-सी मुद्रा का स्वरूप ?
यह मेरा मुख है ?
क्या परिवर्धी दर्पण में मेरा प्रेत दिखना अनिवार्य है ?
हाँ, यह मेरे जाने-पहचाने मुख की ही प्रतिच्छाया है !
फिर भी उस मुख और इस मुख में
आकाश पाताल का अन्तर
"मेरा है यह मुख ? हाँ !
तो यह मुख नहीं !"
सामने के मुख से भी आयी वही प्रतिध्वनि
प्रतिबिम्ब से उठती गूँज ?
दो मेंढों की टक्कर, अहं से अहं का सामना
व्यक्ति से व्यक्ति की मुठभेड़
सदय शब्दों का निपट अभाव
धन्य है बात डण्डे तक नहीं आयी
वाणी तक ही सीमित रही

११. मातु कृति

मातु मातिन ढिक्कियल्लि मातिन बूदि
मनमनद मथन मन्मथन निर्वाणगति
केऽळिसुव मंत्रगळिगावुदोऽ तुंबु तुदि
तुंबुरने निद्रिसिरे तंबूरिगारू गति ?
        स्पर्शदिंदेच्चत्त दर्शनद बेळकिनल्लि
        कंडे, नादद हादि, मरणगळ तवरू, निधि
        नक्षत्र दृष्टिगोऽचरवे कण् पिळुकिनल्लि ?
        आ तिरोऽभावक्कु तप्पदु अनुग्रहद विधि ।
यज्ञ प्राजापत्य; ब्रह्म सुम्नस्पंद
देऽवमानव मार्गदल्ले देऽसी रीति;
दायादितनदल्ले बंधुभावद बंध;
भगवंत हृदयदलि भक्ति हाडिद गीति ।
        नादवेऽनादीतु ? स्फूर्ति अेऽन्नादीतु ?
        शब्द श्रुतियादाग, मातु कृतियादीतु ।

११. विचार कृति

विचारों के टकराव से विचार का भस्म
मनों के मथन में कामदेव की निर्वाणगति
श्रव्य-मन्त्रों की तो कोई सीमा नहीं
तुम्बुर ही निद्रामग्न हो तो तम्बूरे का क्या हो ?
स्पर्श से चेते दर्शन के प्रकाश में
देखा मैंने नाद का मार्ग, मृत्यु का निलय, भण्डार
आँख झपकने मात्र से नक्षत्र दृष्टिगोचर होंगे ?
उस तिरोभाव को भी विधि का अनुग्रह अनिवार्य है।
यज्ञ प्राजापत्य; ब्रह्म मौन स्पन्द
देव मानव मार्ग में ही 'देशी रीति' है।
बन्धुजनों के परस्पर संघर्ष में भी बन्धु-बान्धव सम्बन्ध;
भक्ति परक गीत भगवान् के हृदय को छू लेता है
नाद क्या होगा ? प्रेरणा क्या होगी ?
शब्द श्रुति बनने पर विचार कृति होगी।

१२. नाद मयूर

बेळकन्ने मुसिमाडि एरेद मिंचिन चित्र
बेडगिनलि मडगिरिसि मुगिसदिरू आतुरदे;
(अरेदाळ हच्चिदरू वचन ओळगऽगिरदें ?)
प्रज्ञे प्रतिभापुष्प, संज्ञे कांचनपत्र !
        प्रस्फुरक दीप्ति झगमगिसि तेरेवुदु कण्ण
        अेळु नालगे चाचि बेंकि तले अलरलर
        याकण्ण अद्दुवदु कुंच-नीरिन बण्ण ?
        मण्णे कंपिडुवाग मूसुवरे हुसि एळर ?
किविय गवि होक्कु मौनद आळदलि मुनियु
मुचुकुंद निद्रेयलि भद्रवादरू अेऽनु
ग्रहगोऽल संगीत तानतानद ननेयु
भावद परिस्फंद आत्म आत्मवेऽ तानु
        वाच्य वर्णगळल्लि नविरू नविलिन केऽके ?
        श्री अनिर्वाच्यक्के बेऽरे भाण्यवु बेऽके ?

१२. नाद मयूर

प्रकाश की दवात बनाकर चित्रित की गयी है विद्युत्‌रेखा
आडम्बर के फेर में न छिपा, आतुरता में पूरा न कर
(हल्दी लेपन कर भी 'वचन' भीतर छिपा न रहेगा ?)
प्रज्ञा प्रतिभापुष्प, चैतन्य कांचन-पत्र
फूटती आभा जगमगाकर खुलवाती है नेत्र
सात जीभें लपलपाकर नृत्य करती है अग्निशिखा
जलरंगों में तूलिका क्यों भिगोते हो बन्धु ?
माटी की गन्ध के आगे कौन पूछेगा कृत्रिम हवा को ?
कर्णगुफा में घुस नीरवता की गहराई में मुनि
मुचुकुन्द गहरी नींद में कैसा सोया है !
खगोल-संगीत की लहरियों की कलियाँ खिल रही हैं
भाव के परिस्पन्दन से आत्म आत्ममय हो उठता है
आनन्द विभोर मयूर की हूक की तरह
कवि के मन में आनन्द का सागर लहरा उठता है ।

१३. रवि काणद्दु

जनगहनदल्लि मृग मृगद जाडेऽ मार्ग
गवि निद्देगुंट्टु, एच्चरिसुवुदु हसि हसिवु
हेऽगोऽ कंडरसि ता कंड कनसेऽ स्वर्ग
मिथुन नित्यद मिथ्य, नेरळ नीरेऽ रसवु ।
        अभ्र मडगिसि कोंड शुभ्रवादागसवु
        कत्तलेगे कंति कट्टिद हागे ओऽ भर्ग !
        गाळिगिदे बरिबयलु उसिरे एनिसिदे असुवु
        इरूवेगळ हिंदिरूवे सध्य सर्ग अवर्ग ।
भूतगळ अर्थवनु या भूत नुंगितोऽ ?
इंदियंगळिगु इंद्रनिगु एंदोऽ विरह !
किर्र किलकिल किर्र मौन बिल भृंगितोऽ-
त्पन्न; सदसन्न लिपियाव ब्रह्मद बरेह ?
        चित्तु अत्तंतित्तु, इदुवु अदर स्वभाव
        सत्तु सत्तंतित्तु अल्लिभाव अभाव ।

१३. जिसे रवि ने नहीं देखा

लोगों की भीड़भाड़ में मृग-सा मन का हाल
गुफा में सो जाता है, भूख से जागता है
अपने ही स्वप्नलोक को स्वर्ग समझता है
रोज़ का मिथुन मिथ्य है, प्रतिबिम्ब को रस समझता है
बादलों से ढका शुभ्र आकाश
ओ सूर्य, मानो तूने अन्धकार रूपी कालिमा पोत दी हो
मैदान की हवा, श्वास के लिए होती है प्राण-वायु
अस्तित्व का मूल अस्तित्व से सामीप्य सर्जन है अन्यथा विनाश
पंचमहाभूतों के अर्थ को न जाने किस भूल ने निगल लिया ?
इन्द्रियों का इन्द्र से युगों से बिछोह
किर्र किलकिल किर्र करके भृंग-निर्मित छिद्र
किस ब्रह्म की लिखावट है ?
चित्त मानो अपने स्व-भावानुकूल ही या
सत् तो सत्-सा ही था, उसमें या भाव का अ-भाव ।

१४. सादृश्य

इदु गोऽडे; आदरू अद नोऽडे, यावुदोऽ
स्मृति मूडि बरूवंते, विस्मृतिय पाळिनलि
माटमाटद मूर्ति इणुकुतिवे; ई नेलवु
काल केरेदनोऽ ? अेऽनोऽ हुरूबरकु, आ सोत्रे ।
ई गोण्णे दिट्टिसिद दिटदल्ले आकार
साकारवागि मुख-मुख-भंगि तंगुतिदे;
आ पक्क ई पक्क ओलेये तेरे सरिदंते
याव काविगे हुट्टितोऽ इल्लि ई भाव ?
इदु घुनाक्षर न्याय ! हुळ तिंद प्रीतियदु ?
नन्नमन घनद याबुदो तुंबि ह्रातोरेदु
मुद्दिडुत्तिदे मत्ते एद्देद्दु । हा ! सद्दु,
इत्त कण्णिगे गोंवे, अत्त गोंबेगे कण्णु
यारे कोरेदिरलि; तेरेदिरलि ई सादृश्य
ई अदृष्टद दृष्टिदान दृश्यकवश्य ।

१४. सादृश्य

इस दीवार का मेरे लिए बस इतना ही अर्थ है—
कोई स्मृति उभर आती-सी
मेरे जीवन की धवल विस्मृतियाँ झाँक रही हैं
दीवार की सतह पर काल की ये खरोंचें कितनी शुष्क और शून्याकार !
ये आकृतियाँ जैसे हमारी अवलोकित दृष्टि के अनुरूप ही आकार ले,
विविध रूपावलियों में दिखती हैं
थोड़ा हिलने-डुलने पर भी लगता है उनके ऊपर से आवरण हटा है
और कोई गरिमामय नया भाव निथर आया है
यह घुणाक्षर न्याय ! कीड़े ने प्रेम दरशाकर बनायी हो ये आकृतियाँ
मेरे विभोर मन का कोई भ्रमर मुग्ध हो
उड़-उड़कर चुम्बन लेता है, हर्ष-ध्वनि होती है
नयन को खिलौना लगती ये आकृतियाँ और खिलौने में भी नयन दिखाई देते हैं
किसी ने भी खरौंची हो इन्हें, मिलता रहे सबको दर्शन-लाभ
इस अदृष्ट का दृष्टिदान सबको अवश्य हो ।

१५. ऊहे

कण्णु हाहेय छिद्रदाचे बेळकिन गवियु !
बेल्लि परदेय मेऽले रूपद विराट् भूम !
नेनहु, कनसिन कणिवेयल्लिय जनस्तोऽम !
तेजस्सिनुदरदलि : इद कंडना कवियु ।
  हालिल्ल, बट्टलिल्लद गुट्टुके सविसवियु
  निर्विषय सृष्टियलि योग आत्मक्रीडे
  वासना संजनित संस्कार अवलीढे
  भागीरथियु आगि इळिदंत जान्हवियु ।
इदु विचारद हळ्ळवन्नु ओळ होक्किल्ल;
अंतरिक्षद पक्षि ईक्षिसुत्तिदे क्षितिज
बरिय नेरळाट मरूळाट गाळिगे सहज;
भावभावद जाल बलेयल्लि सिक्किल्ल ।
  जीवनद रंगदले भरतनाटकयुगवु
  ओऽहो ! आहा ! ऊहे ! नव्य ईहा मृगवु ।

१५. कल्पना

आँख की पुतली के मध्य बिन्दु के उस पार प्रकाश की गुफा
रजन यवनिका पर रूपाकृतियों का विस्तार
स्मृतियाँ, स्वप्निल घाटी का जनसमूह
ज्योति-पुंज में समाया हुआ कवि ने देखा।
न दूध, न प्याला फिर भी मधुर-मधुर घूँट का आस्वाद
विषयहीन सृष्टि में भोग-आत्म क्रीड़ा
वासनाजन्य संस्कार ऐसे निहित
जैसे भागीरथी बनकर उतरने से पहले जाह्नवी
विचार के सरोवर में कल्पना नहीं डूबी
यह अन्तरिक्ष का पक्षी निहारता है क्षितिज
केवल छाया-क्रीडा, बावलापन तो पवन की प्रकृति है
भावों का जाल पूरकर भी कल्पना पृथक् रहती है
जीवन के रंगमंच पर भरत नाटक युग है
ओह ! आहा ! कल्पना ! यह नया ईहामृग है।

१६. बयल्

दृश्यकु अदृश्यकु नडुवे होले-गेरे एळेदु,
मातु मनगळ बालहिडिदु हिंदके जोऽतु
हिडिद हिडियळे हूळि ऊळुतिदे सत्तूहे,
आ ध्वनियलेऽ अेऽनो सुळिदु बरूतिदे बेळेदु ।
        विद्धवादा छिद्र मार्गदले हब्बिहुदु
        तूतुगाणद सुत्तुमुत्तु मुत्तिन राशि
        बळ्ळिमिंचिन बळग बेळगदेऽ मौनविदे
        बेळके मब्बागिल्लि आतनव तब्बिहुदु ।
ऐनिहदो अदे अहुदु; बय्तु इद्दुदे बहदु
आ अनाहत नाद पडेदु वर्णव्यक्ति
आहतद बंधदलि पडेदु सहज विर्मुक्ति
निर्बीजवागदेऽ ताने तरूवद तहदु ।
        तरणि उत्तरिसुतिह बयले नंदनवनवु
        बेरणियुण्णद हृदयदरणियेऽ इंधनवु ।

१६. आकाश

दृश्य और अदृश्य के बीच सीमारेखा खींचकर
मन और वचन की पूँछ पकड़ में जकड़कर
सत् कल्पना का सूत्रपात होता है
उस प्रक्रिया में ही कोई ध्वनि मँडराकर व्याप्त होती है
छिद्रमार्ग छिद्रता की ओर उन्मुख करता है
पर बिना छिद्रों के मोतियों के ढेर ही रह जाते हैं
विद्युत्लता का गुच्छ प्रकाशित हुए बिना ही शान्त है
धुँधला-धुँधला प्रकाश ही उसे घेरे है
जो है वही है, जो छिपा है वह समक्ष आयेगा
उस अनाहतनाद को सुनकर वर्णव्यक्ति
आहत के पाश से सहज विमुक्ति पाकर
निर्बीज हुए बिना जो लाना हो स्वयं लायेगा
चढ़ते हुए सूर्यवाला आकाश ही नन्दन वन है
अछूते हृदय की अरणि ही ईंधन है।

१७. नटराजनिगे

इदु स्पर्शरोऽग, होऽ संसर्गजन्य इदु
वेऽदनेय नोऽपि, संवेऽदनेय हनन, सं-
जनन सत्संगवने कळेदु कोंडी बाळु,
इदु बंजरू, हाळु । भीष्मशर तल्पदलि;
गंगे इंगितवरिव घनचिंते, पाताळ
वामनन पादतळ बलिय मस्तकदाळ;
मूगिल्ल, कण्णिल्ल, किवियिल्ल, एदेय डव
डव डमरू तिमिरांधकार घनविष तिमरू ।
नोऽविगदे धारे, अद होलिव सूजिय कैगे
कर्तरिय चापल्य । भेऽदविद्दल्लिये अ-
भेद सीमंतिनिय शिवरेऽखे, चांगुभल !
नन्त उत्साहक्के निम्न पादवे पाय ।
अगिद अगिदल्लि वेऽताळ—अपाय
दिग्गेऽडि नानंध—नीनु नारद गंध ।

१७. नटराज के प्रति

यह स्पर्शरोग, अरे संसर्गजन्य है
वेदना का वरदान, संवेदना का हनन
समरसता जनित सत्संग से विमुख यह जीवन
निस्सार, व्यर्थ ! भीष्म को शर-शैया पर भी
गंगा-इंगित की गहन चिन्ता
पाताल वामन का चरणतल है, नीचे समाया हैं बलि
नाक, आँख, कान कुछ भी नहीं
छाती की धड़कन डमरू-सी तिमिरान्धकार में समा जाती है घोर विष
घाव को सीनेवाले हाथों को सूई की अपेक्षा
कैंचो की चपलता । विभाजन करनेवाला सीमन्त ही है
सधवा की शिवरेखा, धन्य-धन्य !
मेरे उत्साह को है तुम्हारे चरणों का ही आधार
जहाँ-जहाँ खोदा, पाया वहाँ वेताल-खतरा
मैं दिशाभ्रमित, अन्धा, तुम नित्यगन्धा हो ।

१८. कण् पापे

पाप ! तिप्पेय मेऽले विद्दित्तु पातकदंते ।
कामरति अडिसिद याव पातरगित्ति
बित्तिदळो बाळे एलेयोळु सुत्ति ई बाळ !
अवरवरिगवर बदुकेऽ सवियु; इदु याव
गंडसिन हेऽडि केलसवो काणे; पतन गर्भके सहज ।
करूळिगिदेयेऽ करुणे ? शोऽकवेऽनोऽ मूक ।
काणदेऽ ई लोऽक ? लोऽचन भ्रष्ट ! हा हा, कष्ट
भयगोंड पिंड बीभत्सक्के भूदंड !

    नम्म पापद हागे कोऽपवू अविवेऽकि
    दारुणके कारुण्यवृष्टि बेऽके बेऽकु
    निष्काम रतिगे प्रीतिय केऽळिमटमाया
    बीज बिंदुविगेऽको ओळगे चेऽळिन कोंडि ?
    गर्भावतारक्कु बंतु प्राणोत्क्रमण
    ई अनादिय दृश्य पित्त भ्रमण ।

१८. पुतली

बेचारा ! शापित-सा घूरे में पड़ा था
न जाने किस कुलटा ने कामरति का शिकार बन
इसे जना, और कदलीपात में लपेटकर इस जीवन-पिण्ड को फेंक दिया
सबको अपनी जान प्यारी है; न जाने यह
किस कायर पुरुष का कार्य है; गर्भपात सहज है।
मातृ हृदय निष्करुण है ? शोक निःशब्द है !
यह जग अन्धा है ? नेत्रहीन ! हा, हा दारुण दृश्य
यह बीभत्स पिण्ड धरती के लिए एक भार !
हमारे पाप-सा कोप भी अविवेकी है
दारुणता के प्रति करुणा-वृष्टि अवश्य चाहिए
निष्काम रति की वह केलि-क्रीडा एक प्रवंचना मात्र थी
भ्रूण को ही उसके विचार बिच्छू के डंक की तरह सालते रहे
गर्भावतार का भी प्राणोत्क्रमण
यह अनादि दृश्य चित्त में क्षोभ उत्पन्न करता है।

१९. योऽग

एंयेंय जनरिगू चिंते हुट्टिसितल्ल
ई योऽग ! आगुवुदु आगुतिदे, होऽगुवुदु
होऽगुतिदे । ओळगेनोऽडुवगे काणुवदेल्ल
भयभक्ति मूडिसुत्तुद्भवके सागुवदु

        एऽनो कालद पुण्य ! हीगेऽके ? हागेऽके ?
        अंब तर्कक्केळेदु एनिसुतिदे । गुणिसुतिदे ।
        कर्मकेलिसिद धर्मफलके चिंतिसबेऽके ?
        आदरू 'कृपे' उंटु; अदे लोऽक मणिसुतिदे ।

कार्यक्के कारणव हुडुकुवदे ? नेनेसण्ण
कर्तृवनु । निन्न आप्तनेल्ल अदकागि
विक्रियेय बदुकागि, मटमीया तेरे कण्ण
अेच्चरदोळिरू तिम्म 'अकुतोभयन' आगि ।

        हूलियनेब्बिसुत लूटि नडेसिदे गुल्लु
        मानव भविष्यत्तु शिल्पि कैयलि कल्लु ।

१९. योग

इस योग ने
कैसे-कैसे लोगों में चिन्ता न जगायी ?
होना है जो होता है, जाना है जो जाता है
भीतर झाँकनेवाले को सब कुछ दृष्टिगोचर होता है
भय-भक्ति उत्पन्न कर, विकास की ओर बढ़ता है
न जाने कैसा समय का विधान, ऐसा क्यों ? वैसा क्यों ?
ऐसे तर्कों से मन उलझता है, उलझनें बढ़ती हैं
कर्म-प्रवृत्त धर्म-फल की चिन्ता क्यों करे ?
फिर भी 'कृपा' है; वही दुनिया को झुकाता है
कार्य के लिए कारण ढूँढ़ा जाये ? बन्धु
उस कर्ता को स्मरण कर। तेरी समस्त विपदाएँ इसीलिए हैं।
जीवन परिवर्तनशील है, दृष्टि खोल
यह नश्वर जीवन मिथ्या है, 'अकुतोभयम्' बनकर सजग रह
कोलाहल मचाते हुए लूटमार कर रहा है व्यर्थ
मानव का भविष्य शिल्पी के हाथ में शिला-सा है।

२०. इंद्रपट्ट

देऽहि ! अेंदवगे 'न' 'नहि' अेन्नबहुदे बलि ?
दानवने कोट्ट कैमेऽलु, कोंडव कोळु
अणुवन्नु तुंबि महिमेय मिक्किनित कलि
आळ अेत्तर सुत्तु मैय माडुव आळु
शुक्रनीतिय नुडिगे अंदिगेऽ ओक्कण्णु !
मुक्कण्ण मेल्मेयलि चेलुव काणद कुरुडु
अहमहम्मिके होट्टु हुरूळिगितलु हुरुडु;
जीवाळ हण्णगि उळिदुदायितु मण्णु ।
पातालदलि बलि बीज इन्नू उंटु
कोरते काणद निरतिनलि बाळुव वदुकु
मूडियंकुरिसीतु रूढियलि अदकिदकु
हरिहररु कायरे बागिलनु ? अदु नंटु :
कलियुगदि हुलुसु बेळे ! आ कृतज्ञते मट्ट
नाडिदिन आचेगी बलिगे इंद्रन पट्ट ।

२०. इन्द्र सिंहासन

याचक को बलि 'न', 'नहीं' कैसे कहता ?
दान देनेवाले का हाथ ऊपर, पानेवाले का नीचे
अणु सहेजे महिमा-शिखर पर खड़ा बलि
ऊँची-पूरी, मोहक दिखाई देनेवाली काया
उसी दिन शुक्रनीति का एक नेत्र रह गया था
त्रिनेत्र की अहंमन्यता से सौन्दर्य न देख पाने का अन्धापन
अहं-अहं तो कुलीथ की भूसी से भी गया-बीता है
परिपक्व जीवन ही सार्थक है, शेष धूल-माटी
पाताल में आज भी है बलि का बीज
परिपूर्ण भक्ति में जीना ही जीवन है
उसी तरह अंकुरित होकर बढ़ने पर
हरि-हर द्वार रक्षक नहीं बनेंगे क्या ? वही है सम्बन्ध :
कलियुग में भी लहलहाती फ़सल। उस कृतज्ञता का ज्ञापन।
एक न एक दिन इन्द्रसिंहासन बलि को ही मिलेगा।

२१. ब्याबेल्

कळगवोऽ ? काळगवो ? त्रिकुल संघद कूट ?
हरि-हरी ! हर-हरा ! भक्तिमोऽक्षद युद्ध
कादाडुविब्बरलि यारु अेच्चर इद्द ?
रामरावणगागि वानरर कादाट ।
        केऽरळकू कुंतळकु दुष्टबुद्धिय गंटु
        कम्मे, अदकोम्मे, इदकोम्मे, एरुमै नाडु
        शबर-आंध्र-पुळिद-पुंड्र-पुल्कसजोऽडु
        आदि आहादि द्राविडके अेल्लू उंटु ।
बंगार लंकेगू इल्लदायिते बायि ?
मंडोदरिय माये मायावादिने मागि ?
किक्रांतिगागि पौलस्त्य पिडक्कागि
रावणन तोऽटदलि मंगमोऽतेय कायि !
        ब्याबेल्ल गोऽपुरद ओळगे सद्दोऽ सद्दु
        बेऽडुवेऽडर बेंऽटे इदु 'वांडु' अदु 'ओद्दु'

२१. बेबेल

कळगम् ? या समर ? या त्रिकुल संघ का मिलंन
हरि-हरि ! हर-हर ! भक्ति-मोक्ष का संघर्ष
संघर्षरत प्रतिद्वन्द्वियों में कौन होश में था ?
राम-रावण के युद्ध में काम आये वानर ।
केरल, कुन्तल के बीच दुष्टबुद्धि की पड़ी गाँठ
कभी इधर कर्नाटक, कभी उधर मैसूर
शबर-आन्ध्र-पुलिन्द-पुण्ड्र-पुल्कस का संघ
आदि, वह मार्ग पंच द्रविड़ों के लिए प्रशस्त रहा
सोने की लंका भी बेज़बान रही ?
मन्दोदरी की प्रगाढ़ प्रीति भी काम नहीं आयी ?
विपत्ति पड़े किंकर्तव्यविमूढ़ रावण के उपवन में
वानर ही वानर छा गये !
बेबेल मीनार में
भाषाई विवाह, शोरगुल—हो-हल्ला ।

२२. होलसु

रति रंडेयादळेंदेद्दितोंदे बोब्बे !
शिवन कण्णोळगित्तु रुद्ररौद्रद किच्चु
काम पौरोऽहित्यक्किन्नु बेंकिय हृच्चु !
ओऽ यक्षि ! हैमवति ! अेऽनामिते अब्बे ?
सुकुमार संभूतिगागि धोऽधबधब्बे !
देव विजय मयूर हाकुत्तलिदे केऽके !
असुरदल्लणनाद बायि बिडुतिदे मेऽके,
शिव वीर्यदी पिंड, काडु कामन कब्बे ?
चैत्र रथदलि वसंतन बरवु एंदिगू
मांदिलिरू तोऽरणद मुंदे मामिडि गुडियु
चंदिरगु शुकपिककु मागधगु बंदिगू
कामन अनिर्वाच्य प्रेऽम ध्वनिसुव नुडियु
'हुलिगे हुलिगो !' कूगु तेऽगु गोब्बर हुलसु
होले सीमेगंडु हन्नेरडु तिंगल होलसु ।

२२. कल्मष

रति विधव हुई—सभी ने यही चिल्लाया
शिव के नेत्रों में थी रुद्र-रौद्र की चिनगारी
काम के पौरोहित्य को अब भस्म होने दो
ओ यक्षी ! पार्वती ! क्या हुआ माँ ?
कार्तिकेय के जन्म निमित्त यह समस्त कोलाहल
देवविजय से आनन्दित मयूर की कूक
भयाक्रान्त असुर का बलि के बकरे की तरह प्रलाप
शिववीर्य के इस पिण्ड का श्रेय कामबाण को ?
चैत्र के रथ में सदा आता है वसन्त
आम्र पल्लवों के तोरण के आगे आमों की झालर
चन्द्र, शुक, पिक, भाट, चारण सबको सुनाई देती है
काम की अनिर्वाच्य प्रेम-ध्वनि ।
'हुलिगे हुलिगो'[1] की ध्वनि में झलकता है समृद्धि—आनन्द का भाव
ऐसे में जो कल्मष में पड़े वह बारह मास कल्मष का भागी बने ।

१. 'हुलिगे हुलिगो'—कर्नाटक के होसपेटे, जो अब मुनिलाबाद कहलाता है, के पास 'हुलिगम्मा' नाम की एक ग्रामदेवी हैं । वहाँ आते-जाते भक्त ऐसा उद्गार करते रहते हैं ।

२३. प्रबुद्ध

“इदु तसमुद्रे, ई तीर्थ सिंचनदल्ले
कण्णिगू काण्केगू नडुवे अंतःपरदे
कृपेय विद्युल्लेख कृष्णरेखेय तेरदे
चित्र कत्तरिसीतु : केळ मृदंगद सोल्ले,
        ओ बोल्ल ! हिंदिरुगु; हादि तीरितु इल्ले
        बंजे बयललु ओरते बरदे बयकेय तोरेदे ?
        तत्तिना तत्तियलि सत्तु सोत्तेनिसिरदे ?
        वासनेगळडिदवु निन्न आसनदल्ले
प्रळय जलधिय बडव होत्तिसिदे आरतिय
आ प्रवाळद पल्लविय पाडु दनिदोरि
कुडिदीतु नुडि नुडिगे पौरुषेयद कतेय
हयवदनवागि ता रसपयोधिय सेरि
        कल्कि नानादाग बा नन्त हरियागि
        अल्लिवरेगू मुळुगु सुत्तु दिक्करियागि ।”

२३. प्रबुद्ध

यह तप्त मुद्रा, इस चरणामृत सिंचन से
दृष्टि और दृश्य के बीच का पट हटेगा
अज्ञान रेखा मिटेगी और कृपादृष्टि की विद्युत्‌रेखा
उसे मूर्तिमान् करेगी
सुन मृदंग की ध्वनि ओ बोल्ल[1]
लौट जा, तेरा मार्ग पूर्ण हुआ
भले ही मैं बीहड़ हूँ—पर इच्छा स्रोत क्यों रोकूँ ?
तत् के कोश में सत् का भण्डार नहीं रहेगा ?
तेरी पीठ पर सवार हो ही मेरी सारी वासनाएँ मिटी हैं
प्रलय सागर की बड़वाग्नि ने आरती जलायी है
वीणा के कण्ठ से टेक सहित गीत की ध्वनि गुंजरित
हो रही है, हर शब्द पौरुष-कथा का प्रसार करेगा
तुम हयवदन बन रस पयोधि में समाविष्ट हो जाना
मेरे कल्कि बनने पर मेरा अश्व बन आना
तबतक दिग्गज बन अदृश्य रहकर घूमते रहना ।

१. इस शब्द का सामान्य अर्थ है सफ़ेद मुख का घोड़ा और कहते हैं कि यह सिद्धार्थ के घोड़े का नाम था।

२४. डू

डू डूऽ डू एन्नुवा
डूगिन नडेयवनऽ तुडियवनऽ
माडूऽ, हाडूऽ, नीडूऽ
ई हूऽयाऽ यार कड़ियवनऽ
        करि अवनऽ ।
हू हूऽ हू एन्नुव
हूविन मुडियवनऽ, कुडियवन
माहूऽ, बेऽहूऽ, नीहूऽ
ई हू अरळिसुववनऽ ।
        मरळिसु अवनऽ ।
काकू कूकू कुकिलूववन
नकलीयवनऽ कोऽकिल नविलीनवनऽ
साकूऽ नाकूऽ, बेकू,
ईकू जीकिसुववनऽ
        नूकिसु अवनऽ ।
यमयमिगे संवाद
नडेसीदवनऽ नम न्निमगऽ वाऽद सरणि
ईडू, हू कू, हूडूकू, करुणीऽ
बेल्लद करणीऽ, भरणी
तेरि मुच्चळ । आवरणी ।

२४. खोजो[1]

वो वो वो कहकर
चक्र-सा चलता है
वक्र बोलता है
भावो गावो देवो
वो कौन है किस गाँव का
बुलावो ।
खो खो खो खाँसता
हलवा मेवावाला
रखो देखो चखो
वह कौन है, किस गाँव का
बुलावो ।
जो जो जो झूलता
मत लाजो विराजो बाजो
जो कोई हो
किस गाँव का है
फिर बुलावो ।
यम-यमी संवाद है, क्या बाद है ?
जी, खोजो वो
हाँ बरनी खुलावो
मन खिलावो

---

१. यह कविता बेन्द्रेजो की कविता का शब्दशः अनुवाद न होकर शब्दों की लय और ध्वनि का समानान्तर उपयोग है और बेन्द्रेजी ने अपनी 'धारवाड़ी हिन्दी' में इसी प्रकार रखना उचित समझा है ।

२५. नोऽऽऽ

अदु अेऽऽनोऽ इत्तु
नोऽ, नोऽ, नोऽ, एनुतित्तु
एनुतले इत्तु :
तले इत्तु अलुतले इत्तु;
बत्तले बालक्रनंतित्तु
अळुतित्तु नगुतित्तु ।

ता, ता, तायी
एनुतित्तु
ताऽनोऽ ? नाऽनोऽ ?
नीनोऽ ?
अेऽऽनेऽऽनोऽऽ ?

आतनोऽ ? आत्मनोऽ ?
अवनोऽ?
अम्मनोऽ ? अप्पनोऽ ?
अप्पुवनोऽऽऽऽ ?
तप्पुवनोऽऽऽऽ ?
ओप्पुवनोऽऽऽऽ ?
नो । नोऽडू । कूडू ।
ओडंबडु ।
नोऽ । नोऽयदे इल्ला
एल्लम्मा !

नोऽविन सिप्पेय सुलिदीऽऽ
नंदनोऽ ? कंदनो ?
बेंदरेनोऽ तिंदरेनोऽ
नोऽ । सै । सैनोऽ ?
या सैनोऽ ?

२५. नो

वह कुछ था
नो नो नो कहता था
कहता ही रहता था
सिर था-उस तरफ़ था
नग्न बालक-सा था
रोता था, हँसता था
माँ माँ माई
कहता था
वह है ? मैं हूँ ?
तू है ?
क्या-कुछ है ?
वह है ? आत्मा है ?
वह है ?
माता है ? पिता है ?
गले लगाता है ?
छोड़ देता है ?
मान जाता है ?
नो । देखो । मिलो
सहमत हो—
नो । जगज्जननी है वह,
जिसे सबका दर्द व्यापता है
दर्द अनावरण है ?
नन्दन है ? कन्दन है ?
रूठा है ? खाया है ?
नो । सही, सही, सैन ?
किसके सही ?

नोऽ ? नोणवोऽ ?
अणुवोऽ ? गुणवोऽ ?
गुणगुणवो ?
जेऽन्नोणवोऽ ?
जेऽऽऽनोऽऽऽ मेऽऽऽणोऽऽऽ
हुट्टिन तुंबेल्ला
राणियु नोऽ । राजनु नोऽ
तंबुलनोऽ—रसदंबुलनोऽ
चर्वणोऽ—पर्वणोऽ
णोऽऽ नोऽऽ मोऽऽ
नमेऽऽ नमोऽऽ चमेऽऽ नमोऽऽ
नोऽऽ । नोऽऽ । नोऽऽ ।

नो ? मक्खी है ?
अणु है ? गुण है ?
गुनगुनाता है ?
क्या मधुमक्खी है ?
मधु है या मोम है ?
पूरित मधुछत्ता है ?
रानी नहीं, राजा नहीं
ताम्बूल है या रसताम्बूल है ?
चर्वणो-पर्वणो
णो-नो-मो
नमे नमो चमे नमो
नो नो नो ।

२६. कामाऽ। ईशार्पितवादवरेल्ला

कामाऽ । ईशार्पितवादवरेल्ला
नामा । धरिसिरि ॥ गुप्त ॥ नामा ॥
सुप्तिऽय ज्ञानऽ कळेवऽ
दीप्तिय पडेदवरेल्ला । आप्तऽन, प्राप्तऽन
नामा धरिसिरीऽ ॥ अदु सिरियोऽ ॥ नामा
इदु सरियो ? अदु सरियोऽ ?
एंदु आकुलितरागदेऽ
सिरिधरन । गिरिधरन
नामाऽऽ
नेऽमा । होऽमा । गोऽमा । बळिदु
उसिरूसिरिग नामा
मुख्य प्राणना । हृदयाधिष्ठित नामा
आविष्टित नामा ।
प्रेऽमऽवन्नेऽऽ अगळुवऽ । नामा
प्रेऽमऽवन्नेऽऽ उगुळुवऽ । नामा
बोगळुवऽ तेगळुवऽ । नामा
हूळि
हूवागरलूवाऽ नामा । धरिसि
इदु धारणे । इदु समाधि
इदु संयमा
इदु उद्यमा
नामा । प्रेऽमा । भूमा
एंदोऽकरिसुव नामा
श्रुतियनु कट्टिह नामा
श्रुतिगं श्रुति कोट्टिह नामा
नाऽ । माऽ

२६. जिनका काम ईशार्पित है

जिनका काम ईशार्पित है
वे नाम धारण करें। गुप्त नाम।
निद्रावस्था का अज्ञान मिटानेवाली
ज्योति जिन्होंने पायी है। घनिष्ठ का, प्राप्त का
नाम धारण करें। वह श्री है। नाम लें
यह उचित है ? वह उचित है ?
कहकर भ्रमित हुए बिना
श्रीधर का गिरिधर का
        नाम लें।
नेम, होम, गोमा पोतकर
साँस साँस के साथ नाम ले
मुख्य प्राण का, हृदयाधिष्ठित नाम
अविष्टित नाम
प्रेम को ही निगळने का। नाम
प्रेम को ही उगलने का। नाम
भूँकता निन्दा करता। नाम
        गाढ़ दें।
पुष्प बनकर खिलता हुआ नाम। धारण करें
यही धारणा है, यह समाधि है
        यह संयम
        यह उद्यम
नाम प्रेम भूम
कहकर ओंकार करनेवाला नाम
श्रुति-निर्मित नाम
श्रुति को श्रुतिदाता नाम
        नाऽ माऽ

एंदोरळुवे । भूमा
एंदुसिरौ । तायेऽ
दक्षिणेश्वरी
भूमाप्हाना । आ वाह्ना
ना, ना, ना, मा, मा, मा,
सद्गमय
ज्योऽतिर्गमय
अमृतं गमय
मा—ना
अत्यंत तिरस्कृत वाच्या
प्रमाणा ।
अप्रमाणा
स्वप्रमाणा
दिव्याऽ—स्फुटिता
ध्वनिता
नादद सरिगम-ताना । ना
अ मा ना
नामा, भूमा, प्रेऽमा
भूमा, भवमा, संभवमा
उद्भवमा
माऽ, माऽ, माऽ
आ ऊ मा
ई ऊहागानाऽऽ
भूमाऽ, भूमाऽ, स्वयंभूमा
नामा । नामा

कहकर पुकारता हूँ । भूमा
कह दे माँ ।
दक्षिणेश्वरी
भूम का अवाहन, वह बाहन
ना, ना, ना, मा, मा, मा
सद् गमय
ज्योतिर्गमय
अमृतं गमय
मा-ना
अत्यन्त तिरस्कृत वाचा
        प्रमाण
        अप्रमाण
        स्वप्रमाण
दिव्याऽ—स्फुटिता
        ध्वनिता
नाद का सरगम तान । ना
अ मा ना
नाम, भूम, प्रेम
भूमा, भवमा, संभवमा
उद्भवमा
मा, मा, मा,
आ ऊ मा
यह ऊहागानऽ
भूम, भूम, स्वयंभूम
        नाम, नाम

२७. पराऽ शर रूपाऽ

पराऽ शर रूपाऽ
शरण्याऽ—शरणा
चेतना—अंतःकरणाऽ
ओऽ धरणी गंधाऽ
उसिरिगे आनंदा
वासनाऽ निर्मल चरणाऽ
पुंडरीकाभरणा
नंदिनी वसिष्ठा माता
स्वयं सुप्रीता ।

        तोरे, तेरे, मरे मिंचे !
        अरे-अरे कूडिरे अंचेऽ ?
        रसदावरे अरसंचेऽ ?

जननी-जनकप्राया
विदेऽहा ! निरपाया
साधनेगायुर्दाया
करुणिसे उत्तरणेऽ
निरावरणेऽ करणेऽ करणेऽ
निर्मर्थनाऽ नवनीऽत जाया
व्याकरणेऽऽ साकी निराकरणेऽऽ
शरधनु रूपा वाणिऽऽ
पश्यन् पश्यन् श्वसन् जिघ्रन्
क्लीं करि सुत्राणि
शब्दब्रह्मन राणिऽ

२७. पराशर रूपा[1]

पराशर रूपा
शरण्या शरणा
चेतना-अन्तःकरणा
ओ धरणीगन्धा
श्वास-हित आनन्दा
वासना निर्मलचरणा
पुण्डरीकाभरणा
नन्दिनी वशिष्ठा माता
स्वयं सुप्रीता
छोड़ दो गुह्य विद्युत् खोल दो
आधा अधूरा भी कोई
रसकमल राजहंस है ?
जननी-जनकप्राया
विदेह ! निरपाया
साधना के लिए दीर्घ आयु
कृपा करो हे भगवती
निरावरणे करणे करणे
निर्मर्थन नवनीत जाया
व्याकरणे, बस करो यह निराकरण
शरधनु रूप वाणी
पश्यन् पश्यन् श्वसन् जिघ्रन्
क्लीं करि सुत्राणि
शब्द ब्रह्म की रानी

---

१. यह कविता मन्त्र के समान है; वैदिक छन्द में है। वाणी के चार स्तर हैं—परा, पश्यन्ती, मध्यमा और वैखरी। इनमें परा सर्वश्रेष्ठ है। अपनी ओर शर (बाण) रूप में आती हुई परा वाणी से कवि की प्रार्थना है।

छंदोगमच्छादनेऽ
व्यक्ताऽव्यक्ता
अनुग्रहिसौ—सदनेऽ सदनेऽ
विश्वंऽचरंतिऽ
अभ्रांताऽ शांताऽ
हृदयांकित कांताऽ
अनेऽकेऽकांताऽ
पराऽ सूत्राधाराऽ
अंबिकाऽऽ विजृंबिकाऽ
शिवहर शंभोऽ
एंबोऽ नंबोऽ

दत्ता; धिगधित्ता
कन्नडि—निन्नडि—नडि
नडि ओळगे
अंधःकारवे तोळगे
तोळतोळगे
शुभं भूयात्
मंगळं भूयात्
पराकुऽ, कूकू, कूहू
प्रफुल्ला सहकारा आम्रा
भ्रमरांबा—तुंबा
गुंभा—आरंभा
संघातेऽ परिणमिताऽ
विवर्तभासा
स्वप्नविलासा वासवदत्ता
वासवीऽ इंद्रा
स्वस्थाऽ चित्ता,चित्रऽ केंद्रा
नमोऽ नमोऽ रक्षा मां माता
सुप्रीता

मूलाधारा परा
होक्करिणिय बिंबा
गर्भिणी विमर्शिनी

छन्दोगमकाच्छादने
व्यक्ताव्यक्ता
अनुग्रह करो—सदन सदन में
विश्वं चरन्ति
अभ्रान्ता शान्ता
हृदयांकित कान्ता
अनेकेकान्ता
परा सूत्रधारा
अम्बिका विजृम्बिका
शिव हर शम्भो में
मन लगे ।
दत्ता; धिगधित्ता
तेरे चरण, दर्पण तुल्य, चल
चल भीतर
अन्धकार दूर हो
स्पष्ट प्रकाशित हो
शुभं भूयात्
मंगलं भूयात्
जय-जय कूकू कूहू
पल्लवित सुमधुर आम्र
भ्रमरांबा-कुम्भ
भरना आरम्भ हो
संघाते परिणमिता
विवर्ताभासा
स्वप्नविलास वासवदत्ता
ऐश्वर्यवान् इन्द्र
स्वस्था चित्ता चित्र केन्द्रा
नमो नमो रक्षा मां माता
सुप्रीता
मूलाधारा परा
पुष्करणिका बिम्ब
गर्भिणी विमर्शिनी

उन्नीता पयसोऽजाता
कंठाभरण विशुद्धस्मरणा
मध्यमा पंचमा
नेऽत्रोऽन्मीलिता
सती, सीमंतिनी
पश्चिमेऽ उदिता
मुदिता
अमृतस्रवधारा
वैखरी—धीवरी
निषादिनी—वागुरा
सहिता
पशुपाशहिता विहिता
विषादरहिता
पौंड्रक दुहिता
कुणिता कुणिता
आटंती अरण्येऽ
विद्यारण्ये गुहाहिताऽ
अमृतेऽ पिहिता
विधानवती नवती युवती
लीला—नादाधीना

उन्नीता पयसोजाता
कण्ठाभरणा विशुद्ध स्मरणा
मध्यमा पंचमा
नेत्रोन्मीलिता
सती सीमन्तिनी
पश्चिमे उदिता
        मुदिता
अमृत स्रवधारा
वैखरी-धीवरी
निषादिनी-वागुरा
सहिता
पशुपाशहिता विहिता
विषाद रहिता
पौण्ड्रक दुहिता
नाच-नाचकर
अरण्य में घूमती हुई
विद्यारण्य गुफा में प्रविष्ट होकर
अमृत पीकर
विधानवती नवती युवती
नादाधीन हो लीन हुई।

२८. बंध

साकु भ्रांतिय काव्य—बरलि संक्रांति
किक्रांतनागदिरु ।
ओडल हसिवेगे कुग्गि
मकर संकांतिगिदे हुग्गि !
इंदु बरलिदे कर्क संक्रांति
गंगा संग
श्रावणद सिंहयोऽगद हादि
ई गविगे मरळु हेज्जेगळिल्ल
सिंहववनु कंडवनु
सिंह स्वाहाकार ।
पशुगळलि हाहाःक्कार !
पौरुषद सत्त्वक्के अस्तमानवु डंटे ?
निशेथ तम कुडियलिदे
सांध्यरागव सेऽदि
तले तुंब नक्षत्र—निःपक्षवी क्षेत्र ।
बयलाटदलि होक्कु
होरबरुव हक्कु—हक्किगिदे आ सोक्कु
भवके अभवने बेऽकु—नीललोऽहित कंठ
रजस्तमव—अंधंतमव
आकंठ कुडिद
दशकंठगिल्ल आराम ।
संहार विश्राम ।
जयद विजय द्वार—जय विजय आकार
गर्भदल्लिदे सुप्त
दशो—देशेय—अवतार ।
कलिगु कल्किगु नंटु

२८. पाश

रहने दो यह भ्रान्ति का काव्य—आने दो संक्रान्ति
किंकर्तव्यविमूढ़ न बनो
पेट की भूख से घबराओ नहीं
मकर संक्रान्ति मिष्टान्न लायेगी
आज आयेगी कर्क संक्रान्ति
गंगा का तुंग और कृष्णा से संगम होगा
श्रावण के सिंह योग का मार्ग
इस गुफा से लौटनेवालों के पदचिह्न नहीं मिले
सिंह को जिसने देखा
वह सिंह की ही भेंट चढ़ा
पशुओं में हाहाकार मचा।
पौरुष के सत्त्व का अन्त है ?
रात्रि का तिमिर सन्ध्याराग को
नशे के समान निगलता है
आकाश-भर में नक्षत्र निष्पक्ष यह क्षेत्र
व्योम में प्रविष्ट हो सर्वत्र उड़ने का
अधिकार केवल पक्षी को है।
भव को नील लोहित कण्ठवाले शिव चाहिए
रजस् तम को—अन्धकार को
जिसने कण्ठ तक पी लिया है
उस दशकण्ठ को नहीं है चैन
उसे विश्रान्ति अपने नाश से ही मिलेगी
जय का विजय द्वार—जय विजय आकार
गर्भ में सुप्त है
दश-दिशाओं का अवतार
कलि और कल्कि का सम्बन्ध

बिच्च बारदु गंटु :
आलक्ष्य सुंदरनु—माडिदनु
कर्तरि योऽग
बेऽकु कर्मणि प्रयोऽग
ज्ञानक्के संबंध—अज्ञानवेऽ बंध !

अटूट गाँठ का सम्बन्ध है
स्रष्टा ने किया
निर्माण कार्य
हम भी करें अपने कार्य
ज्ञान है पवित्र सम्बन्ध अज्ञान ही बन्धन

२९. ओऽवर—हालु

उत्—सभा
हंसन निरीक्षेयलि मत्ते नीरू—हालु
ओऽवर–हालु
इल्लि केनेयुतिदे हालु; पयद हय्यंगवीन
नायिस् क्रीं आयिस् क्रीं—एनुत ।
हुलितदलि हेप्पु गट्टदे हरित ?
कडेतदलि कडगोल सुत्तु कणकण—बेळ्नेय्
हेत्तुप्प बित्तु बेंकियलि
रोऽमहर्षणदल्लि नारदन चेंडिकेयु
वाणिगू वीणेगू साक्षियागिदे—ध्यान
घनद घन
किंचित्तु सुत्तु उळिदिदे सायदोऽ एल्लोऽ
शुचि रुचिय सौंदर्यसार केत्तनेयागि ।
एलेले बेल्लद चवुडि—उडितुंबिकोंबरेऽ ?
मुडिय चंदिर सोऽने
भरणि मंडपदंद हनिमुत्तु दनिमुत्तु
चिच्जकोऽरिय तुत्तु ।
ह्रीं नाचु—लाजाहोऽम
धूम धूम—कण्णीरू—खीरू—पायस
"यत्र यत्र धूमः—तत्र तत्र वह्निः"

कोप्परिगेयलि हाले—उप्परिगेयलि ज्वाले
क्लीं क्लेऽशनाशिनी ! हृदयवासिनी
उधोऽ देऽवि—नावु—बंदरके बंदेऽवि
नीविकोऽळि
शारदेय हंसगळु मरळिदवु

२९. नीर-क्षीर

उत्-सभा
हंस की प्रतीक्षा में नीर और क्षीर को
'ओवराल' करते हैं
दूध पर आती है मलाई; निकलता है नवनीत
दूध से ही बनती है नाइसक्रीम-आइसक्रीम
दूध ही खट्टा सघन बनता नहीं क्या ?
मथनी से मथना—खनखनाहट और मक्खन
घृत सघन बना और पड़ा अग्नि में
नारद का गहन ध्यान
वाणी और वीणा के साथी
उनका रोमांचपूर्ण
शिखा भी खड़ी हो जाये
शुचि-रुचि का सौन्दर्य-सार बिना घटे, किंचित् बाक़ी है ?
ओह, गुड़ की गुड़िया तू क्या बड़ी है ?
चन्द्र की चन्द्रिका तेरे वश की नहीं है
भरणी-मण्डप के बूँद-मोती, स्वर-मोती
चित चकोरी के लिए ही है !
ह्रीं, शर्माओ-लाजाहोम है
धुएँ से बहते आँसू, लेकिन खीर मीठी
"यत्र यत्र धूमः, तत्र तत्र वह्निः"

कढ़ाई में दूध है और अटारी पर है आग
क्लीं क्लेशनाशिनी ! हृदयवासिनी !
हे देवी, हम आये हैं तेरे द्वार पर
तुम ही देख लेना।
शारदा के हंस वैसे ही वापस चले गये

तावरेगोळके तुंबि तुंबा फलके
मंदार—गांधार
दर्शनके दिव्य—श्रुतिगाधार।

कमल सरोवर पर झुण्ड के झुण्ड भ्रमर भर आये
मन्दार-गन्धार
दर्शन तो दिव्य ! श्रुति का आधार ।

३०. हेटर—डोक्सी

        ह्राकु मणे
        फ्रूडु—अयाड्लरु—जुंगु
हच्चु हणे पादक्के, बंद उगुळनु नुंगु
पिता—पितामहा—प्रपितामहा
श्रद्धेयिल्लद श्राद्ध, सर्वतो भद्र !
पोलिटिक्से मिस्टिक्सु मिक्षु मिक्षु
सोऽशल डायनामिक्षु
डाय्नामायिटी भिक्षु
श्रेऽयांसि नीडिदा इक्षुरसवल्ल—भोऽ !
पादरस, श्रीपादरस
अल्केमेस्ट्रि Transforms History
into mere geography
spirit does not matter
mister ! Silencr is better.
शब्दवेऽधव माडि, श्रावणन कोंद
दशरथ पडेद
दशमुखासुरन कोलुव रामननु !
मरमरने तिरूगि बरेदना वाल्मीकि
रामायणव ।
सीता बा ई ! रामगिदे अग्नि परीक्षे
होस—होस—दीक्षे
हृदयक्के हृदयवेऽ साक्षि
बेऽरे इल्ल Proxy

३०. विडम्बना

आसन डालो
फ्रायड-एडलर-जुंग के
चरणों पर माथा टेको, अपनी शंका निगल लो
पिता-पितामह-प्रपितामह
श्रद्धारहित श्राद्ध सबसे श्रेष्ठ ?
पॉलिटिक्स, मिस्टिक्स मिक्स मिक्स
सोशल डायनामिक्स
डायनामायिटी भिक्षु
सत्कार्य से प्राप्त इक्षुरस नहीं भो !
पादरस (पारा), श्रीपादरस !
अल्केमिस्ट्री ट्रान्सफार्म्स हिस्ट्री
इन्टु मीयर ज्यॉग्रेफ़ी
स्पिरिट इस नॉट मैटर
मिस्टर ! साइलेन्स इज़ बेटर ।
शब्दभेद कर, श्रवण को मारा
तो दशरथ ने
दशमुखासुरहन्ता राम को पाया !
वाल्मीकि ने मरा-मरा रटकर
रामायण रची ।
सीता आओ इस राम की अग्नि परीक्षा है
नयी-नयी दीक्षा
हृदय-हृदय का साक्षी है
और कोई नहीं प्रॉक्षी[1] है

---

१. प्रॉक्षी—Proxy

३१. पौंड्रक—पुळिंदकं

वाल्मीकि बेऽड । अवनु हुत्तप्प
नानु मृगशिरव्याध
अगस्त्य गोऽत्र ।
न्याय वैशेऽषिकद ब्रह्ममीमांसे
सांख्य योऽगद भाषे ।
आनंदघोऽषे—'ब्यां' एन्नुतिदे मंदि ।

अरविंद नवनीते, भव्यभगवद्गीते
'हूज् हू' रसरसव मुत्तु
अदु मद्दु—मुद्दु
तुंबिगुंजारवके गुंजायिषेयु बेऽके ?
गांजा प्रमत्तरिगे
कंड काणिके अेऽके ?
बा बंधु—नानु, नीनू ओंदु
इदुवे कूडलसंग
विट्ठल, अभंग
ओऽ महाश्वेऽते !
"तव रतिरभविष्यत् पुंडरीकेऽ किमस्मिन्"
वैशंपायनद गिळियल्ल—नानु कन्नडवक्कि
कादंबरिय कुडिदा
चंद्रापीडा । एल्लिद बंतु पीडा ?
पत्रलेऽखेऽ बारे, बारे चित्रलेऽखे
ता कुंच—ता मशिय
बेळकु होरगेडहुतिह

३१. पौण्ड्रक-पुलिन्दक

वाल्मीकि बहेलिया ! वल्मीक निवासी
मैं मृगशिरव्याध
अगस्त्य गोत्र ।
न्याय वैशेषिक की ब्रह्म मीमांसा
सांख्य योग की भाष्या
आनन्द घोषणा—'ब्या' कहते हैं लोग

अरविन्द नवनीत, भव्य भगवद्गीत
'हूज़ हू' रसों को घेरे
वह औषधि है, चुम्बन है
भ्रमर गुंजन को गुंजाइश चाहिए ?
गांजा प्रमत्तों को
दर्शन क्यों चाहिए ?
आओ बन्धु—मैं और तुम एक
यही कूडल संगम[1]
विट्ठल, अभंग
ओ महाश्वेता !
"तव रतिरभविष्यत् पुण्डरीके किमस्मिन्"
वैशम्पायन का शुक नहीं—मैं कन्नड का पक्षी
कादम्बरी को पी लिया
चन्द्रपीडा ने । कहाँ से आयी पीडा ?
पत्रलेखा आओ, आओ चित्रलेखा
लाओ तूलिका—लाओ स्याही
बाहर प्रकाश फैलाती हुई

---

१. कृष्णा और मलप्रभा नदियों का संगम स्थान; वीरशैव कवि भक्त बसवेश्वर का आराध्य-देव शिवलिंग यही है ।

सोम चाप ज्वाले
नीनु उषे—नानु अनिरुद्द
निम्न सज्जनिकेगिगोऽ सेज्जेसालेगे बंदे
बाणासुरगे नीडिदेनु लिंग भिक्षे
साकाय्तु अंगदीक्षे
"ॐ भवति भिक्षां देऽहि"
अनसूये ! अत्रिगोऽत्रद ताये
धूर्तेंदु बंदनो दत्त
एत्तिदेत्त !
नीनु रक्षेय तंदे
अदु विभूति ।
गोऽपिचंदनदल्लि मैनावतिय माथे
कण्णीरु गुळ्ळे गुळ्ळे
मैना, मैना, मैनाचुंगी मीराकेऽ प्रभु
कामलतांतकुड्मलवे !
कूडलु ओलवेऽ ? बेऽडलु ओलवेऽ ? नीडलु ओलवेऽ ?
ओलवु लिंगदि हरिव
जलहरिय जलवेऽ—पावनवेऽ
पवित्रवेऽ
अग्नियलि सोऽम—आग अग्निस्तोऽम
नाडिगर बाडिगेय बिडिसि
नाडिगे पयण—सीमेगे भ्रमण
इव विरक्त, श्रवण
अवरवर संस्कार अवरवर आकार
उळिदुदेल्ल विकार
अर्धार्ध हंचदिरु—पूर्णक्के भागवेऽ ?
जागृतेगे जागरवे
इदुवे नागरवे ?
मुद्रेयु तिरस्कार
संस्कृतियु अधिकार !

चन्द्र चाप की ज्वाला
तू उषा है, मैं अनिरुद्ध हूँ
लो तेरी सौजन्यता के कारण मैं शयनकक्ष में आया।
बाणासुर को दी है लिंग की भिक्षा
बहुत हुई यह अंग-दीक्षा
"ॐ भवति भिक्षां देहि"
अनुसूया ! अत्रिगोत्र की माँ
धूतादेवी समझकर आया था दत्त
कहाँ से कहाँ !
तू रक्षा ले आयी
वह है विभूति।
गोपीचन्दन में मैनावती की माया
आठ-आठ आँसू
मैना मैना मैं नाचूँगी मीरा के प्रभु !
कामलता कमल की कली !
किलना, माँगना, देना आनन्द है ?
आनन्द है लिंग में बहता
जलहरि के जल में ही पावन है
पवित्र है ?
अग्नि में सोम—तव अग्निस्तोम
देशवासियों को भौतिक मोह से छुड़ाकर
सीमाओं के बन्धन से मुक्त कर दो
उन्हें पूर्ण ज्ञान दो
लोगों के अपने-अपने संस्कार हैं, अपना अपना रूप है
शेष सब विकार है
आधा आधा मत बाँटों, पूर्ण में कैसा विभाजन ?
सावधान के लिए जागरण
यही नागरिकता है ?
छापों का हो तिरस्कार
संस्कृति है शाश्वत।

३२. महात्म-वचन

'भक्ति भंगिय मगळु'
अध्यक्षळागिहळु, ई अभंगित राष्ट्र क्षेऽत्रक्के
प्रजे प्रजेगे स्वप्रज्ञे उदयिसदे ? स्वाराज्य नडेसदले ।
अेऽकराट् भूमंडलद विश्वसभेयल्लि
निट्टे निःश्वासगळ आश्वासनके
बायिल्लवय्य
बिन्नहके—बिन्नणके
बिन्नायकोऽ नायकोऽपनायकरेल्ल
एल्लेल्लोऽ ऊटमाडुवरु
दिग्देऽशचरंति
स्थिरके इदे रसदूट
व्यभिचारिगोऽ विष–काळ–कूट !
'you know, 'I know'—the world does not know
नोऽपेऽनु, नोऽगेऽनु, नोऽनाटकद भंगि
नोऽकषाय
नोऽविल्ल, नोऽतिल्ल—बरि कबंधच्छाय
कै बाय होय्दाटवाय, वायसदाय ।
पुरुष नर्तिसुतिरलु प्रकृतिमंडलके साक्षिन्व
उदासीन—सभासद—भास—आभास
आहार—निद्राभय—मिथुन
मिथ्याचार
चातुर्य—चारुत्व—चारित्र्य भंगिसुव
पंचत्वदाचार ।
बारे तारक प्रज्ञे—अभिज्ञे

३२. महात्म-वचन

"भक्ति भंग की बेटी'
इस अभंगित राष्ट्रक्षेत्र की अध्यक्षा बनी हुई है
प्रजा में स्वप्रज्ञा नहीं जागेगी ? स्वराज्य चलायेगी
अखण्ड भूमण्डल की विश्व सभा में
निद्रा-निःश्वासों का आश्वासन
मूक बन पड़ा है
चलता है निवेदन—चातुर्य
बिन नायक, नेता—उपनेता
जहाँ-तहाँ पेट भरते हैं
सुदूर देश घूमते हैं
जो मिल जाये वही रस-मिष्टान्न है
व्यभिचारी को मिलेगा विष-कालकूट
'यू नो' 'आई नो'—दि वर्ल्ड डज़ नोट नो
न दर्द न लाभ, नोनाटक[1] की मुद्रा
नोकषायें[2]
न दर्द है न उसकी अनुभूति, केवल धड़ की छाया है
हाथ, मुँह का व्यर्थ युद्ध—कौवों का भोजन बनता है
पृरुष के नृत्य का साक्षी प्रकृति मण्डल
उदासीन—सभासद्—भास—आभास
आहार—निद्राभय—मिथुन
मिथ्याचार
चातुर्य—चारुत्व—चारित्र्य भंग करना
पंचत्व का आचार
आओ तारक प्रज्ञा—अभिज्ञान

१. जापानी नाटक का एक रूप।
२. जैनधर्म से सम्बन्धित शब्द।

साको ऽ घटो ऽ त्कच संज्ञे ।
वत्सलाहरणवनु अभिमन्यु माउने ऽ ?
इदु कृष्ण संधान !
भक्ति—भंगिय मगळु
युक्ति अनुसंधान ।
गंगे भंगिय मगळु
इल्ल, यमनिय मगळु
या सभंगिय मगळु
मल तोळेदु निर्मलळु
निक्रिमित जीवितळु
मूलो ऽ क सूत्रधारकळु
इदु आकळो ऽ आकळु !
कामवृषलर वृषभ
डुरकि हाकुत्तिहुदु ।
ब्रह्मचर्यद हो ऽ रि
एल्लिहुदु शिवशिवा ?
दारो ऽ , एल्लो लोथलिनल्लो ऽ !
हुगिदरो ऽ लांगु—लगामु ।
हिरो ऽ शिमा विकृत प्रजेगळे ऽ बे ऽ के ?
भूकंप-अनुकंप
बारो जगत् झंप

घटोत्कच का माया बाज़ार बन्द करो
क्या अभिमन्यु वत्सलाहरण नहीं करेगा ?
यह है कृष्ण का नाटक !
भक्ति—भंग की बेटी
मुक्ति है अनुसन्धान
गंगा है भंग की बेटी
नहीं, यमुना की बेटी
या सभंग की बेटी
मैल धोकर भी निर्मल
कृमि रहित जी रही है
त्रिलोक सूत्रधारिणी
यह गाय है गाय
काम-वृषल का वृषभ
डकार रहा है
ब्रह्मचर्य का साँड
कहाँ है हे शिव ?
मोहंजोदाडो में, लोयेल में ?
गाड़ दिया है लांग-लगाम को
हिरोशिमा की विकृत प्रजा ही चाहिए ?
भूकम्प से ही अनुकम्पा
आओ, जगत निद्रा !

३२. दारिगदरोऽ

निनदारोऽ ? नानदारोऽ ? मोऽहेंजोदारोऽ ?
होदवरु मरळि बरलिल्ला
इद्दवरु इंदिनवरल्ला
मुद्रे अऽनोऽ भद्र
अनर्थिसदे अर्थ कंडिल्ला
गुरुवु शिव, कुरुहु शव
पशुपतिय सुत्तलू पशुगळेल्ला
हूळिदर्थव तेरेदु पडेदुदेऽनु ?
        शकल....विकल....
वर्तमानद एदेय मेऽले भूत
सत्तद्दु सायलोल्ला
बदुकिद्दु बाळलोल्ला
बिद्दु कोंडिदे हादि
निंतु कोंडिदे कंब
कालिगोऽ कण्णे इल्ला ।
        कण्णु बरि कनडि
        मुंदे नडि मुंदे नडि
        हिंदे चबक
        इंद्रजालद तबक
        मुगिलतुंबा
        'टंबक, टंबक, जगदंबा'—
निर्बीज निर्बीज
बरि गोब्बरा
क्रिमिकीटगळ क्षेत्र
ओब्बरब्बर मेऽले
लिंग भंग

३३. कौन किसका !

तू कौन है ? मैं कौन हूँ ? मोहनजोदाड़ो ?
जानेवाला आता नहीं
जो है वह रहेगा नहीं
ठप्पा चाहे जितना गहरा हो
अनर्थ किये बिना अर्थ नहीं निकला
गुरु है शिव, प्रमाण है शव
पशुपति को घेरे हैं पशु
गड़े अर्थ को खोदकर मिला क्या ?
खण्ड-खण्ड शेष ।
वर्तमान पर सवार है भूत
मृत मर नहीं जाता
जीवित जी नहीं पाता
फैला रहता है मार्ग
मौन रहते हैं स्तम्भ
पैरों की तो दृष्टि ही नहीं
आँखें हैं केवल दर्पण
बस आगे बढ़ते ही जाता है
पीछे पड़ता है चाबुक
बादलों में फैला है
इन्द्रजाल
"टिबक, टिबक, जगदम्बा"
निर्बीज निर्बीज
निरा गोबर
कृमि कीटों का जमघट
एक की गर्जना ऊपर
लिंगभंग

अंग संग
हरहरा
पापदूरा
होलगेऽरि ओलगेऽरि
नडुवे मारि
नडुवे हेण होत्तिरुव
हेणद दारि
मण्णिनोलु तण्णगिदे
इल्लि भ्रांति
शब्द शांति ।
मन्मथन मथनदलि अग्निबिंबा
हिंदिनदु हाळुकथे
इंदिनदु बाळ व्यथे
किस्मतिगकस्मात्तु मरणमौन
पडुवणद कडलल्लि अस्तमानद बेऽगे
मूडललि बजुबुजू हुळद हुत्त ।
होत्तितेल्लोऽ बेंकि
इवु अदर सुत्त
हत्तुकडे रेक्केराशि
मूरु गळिगेय मोऽजु
मुक्ति काशि ।
श्रुतिगोडुव किविये इल्ला
मोडिकास्ट संते
यंत्र तंत्र
नडुनडुवे मुरुकु मंत्र
भारतदभारतिगे उत्तरवे इल्ला
प्रश्नेयेल्ला ।
उद्गार सालुसालेऽ
प्रश्नेगळ मालेमाले

अंग संग
हरहरा
पापदूर
गन्दी बस्ती के भीतर
बीच में खड़ी है मृत्यु
शवों से पटा
शव मार्ग
मिट्टी के भीतर ठण्डक है
यहाँ भ्रान्ति
शब्द शान्ति
मन्मथ के मथन में अग्निबिम्ब
भूत की व्यर्थ कथा
वर्तमान की जीवन व्यथा
भाग्य से अकस्मात् मरण मौन
पश्चिम समुद्र में अस्तमान की ऊष्मा।
पूरब में बिजबिजाते कीट-पतंगों का छत्ता।
कहीं, जली अग्निशिखा
के आस पास
इनके झुलसे परों का ढेर
तीन क्षण का मौज
मुक्ति काशी
श्रवण शक्ति लुप्त प्रायः
उपहास सर्वप्रायः
यन्त्र तन्त्र
इधर उधर ध्वस्त मन्त्र
भारतीयता अनुत्तरित
सब ही बस प्रश्न
भाषणों की क़तार ही क़तार
प्रश्नों की शृंखला ही शृंखला।

३४. निर्बुद्ध

नावु पूजिसुतिहुदु होट्टेकिच्चु
बेऽरे एन्नुवुदेऽके 'बेंकि हच्चु ?'
कोल्लवेवु सायुवेवु इदे कायक
तलेगे बेलेयेष्टु केऽळुव नायक !
भूमि एंबुदु मण्णु, प्रजे एंबुदू मण्णु
सुडुगाडु नागरिकते
ओळगे मसेयुत्तिहुदु शस्त्रास्त्र ओळसंचु
होरगे शास्त्रद पाठ प्रवचनगळु
वचन वाचनवेऽनु ? वचन गायनवेऽनु
वचन मुरियुवुदोंदे रचनाकृति
गुंपुगुंपिन राजकारणद तंत्रदलि
हंपेयायितु कोंपे—हळेय मातु
रामराजन रुंड कल्लागि बिद्दिहुदु
एल्लर प्रदर्शनके वस्तुवागि ।
'हल्बिदाया' आगि होऽय्तु आदिलशाहि
होळेगे होऽदवु देवरु ।
कबर कबरीभार, कवडि कोरळिगे बंतु
या कपर्दिय बुदि ई वैभव ?
राम अत्तरु चेंद, कृष्ण अत्तरु चेंद
इद्दवर बायिगोऽ उळ्ळेगड्डि ।
'यज्ञ' आदरु एऽनु ? होऽम होऽदरु एऽनु
कुरियु 'ब्यां' एन्नुवुदु तप्पलिल्ल ।
नम्म देवरु हेच्चु निम्म देवरु हेच्चु
दीप हच्चुव कैयु कोलेगे बद्ध
बुद्धने निजविरलि, सिद्धने निजविरलि
इतिहास तिळियदव शुद्ध निर्बुद्ध ।

३४. निर्बुद्ध

हम पूज रहे हैं जलन को
फिर 'आग लगा दो' कहने की ज़रूरत क्या ?
मारते हैं, मरते हैं यही काम हमारा
नायक पूछता है सिर का क्या मोल !
भूमि है मिट्टी, प्रजा भी मिट्टी
नागरिकता है श्मशान
भीतर सान चढ़ाते हैं, शस्त्रास्त्र की प्रवंचना
बाहर शास्त्रों का पाठ-प्रवचन
वचन-वाचन कितना ? कैसा वचन-गायन ?
वचन तोडन ही व्यूह रचना है
राजनीति की गुटबाज़ियों के जाल में
हैंपी बनी उजाड़भूमि—यह पुरानी बात !
सबके तमाशे की वस्तु बनकर
रामराज का सिर पत्थर बन पड़ा है
आदिलशाही की भी 'अलविदा' हो गयी
देवता नदी में डूब गये
लम्बे बाल गये, गले में आयी कौड़ी की माला
किस भोलेनाथ की विभूति है यह वैभव ?
राम का रोना भी मधुर, कृष्ण का रोना भी मधुर
शेष के मुँह में प्याज।
'यज्ञ' हो या होम, इससे क्या ?
बकरे की 'ब्याँ' तो मिटी नहीं।
हमारा भगवान् श्रेष्ठ, तुम्हारा भगवान् श्रेष्ठ
दीप जलानेवाल हाथ हत्या के लिए भी तैयार
चाहे बुद्ध सच हो, चाहे सिद्ध सच हो
इतिहास का अज्ञानी शुद्ध निर्बुद्ध है।

३५. इदु युगादि

अवरवरिगे अवर हादि
निनगे ननगे ओंदे आदि—ओंदे दादि
युगद मध्यबिंदु ओंदु ।
　　इदु युगादि
　　आगिरु संवादि
　　अेऽके वाद बीदि ?
　　सादि नम्म हादि तम्मा
　　याके केंडुवे कादि ?
　　निन्न पाडु निन्न जाडु
　　विरस निनगनादि ।
मोन्ने मोन्ने बूदियादा
होऽळियल्लि कामा
चैत्रगौरि हूतळण्णा
नेनेदु शिवन नामा
माधवमा रासलीले-
गिदेऽ ऋतुवु हदवु
सुंट्रुगाळि, अड्डमळे
तेरेदितक्का कदवु ।
　　चिगुरु, हसितु, बलितु, हळितु
　　एले एले एले उदुरितु
　　कल सिडिदितु बीज बीज
　　अदु एल्लोऽ चदुरितु
　　आदि इल्ला; अंत्यइल्ल
　　मध्ये याव हादि ?

३५. युगादि[१]

सबका अपना अपना मार्ग है
तेरा और मेरा एक ही मार्ग—एक ही धात्री
युग का मध्यबिन्दु है एक
यह युगादि है
संवादी बने रहो
मार्ग में झगड़ा क्यों ?
साहित्य हमारा मार्ग बन्धु
झगड़ कर क्यों मरें ?
तेरा जीवन जंजाल है
वह विरस है, तेरे लिए अनादि है
परसों ही भस्म हुआ
होली में काम
शिव का स्मरण कर,
चैत्रगौरी खिल गयी बन्धु,
माधव की रासलीला के लिए
यही उपयुक्त ऋतु है
आँधी, अनपेक्षित वर्षा ने
अन्तःकरण का द्वार खोल दिया।
अंकुर हरा हो, पुष्ट बन पककर
पत्ता पत पत झड़ गया
फल ने दिये बीज
सब कहीं बिखर गये
आदि नहीं, अन्त नहीं
बीच में कौन-सा मार्ग है ?

---

१. गुड़िपड़वा को कर्नाटक में युगादि कहते हैं। कर्नाटक में अनेक दृष्टि से इस पर्व का महत्वपूर्ण स्थान है; वर्षारम्भ इसी दिन से होता है।

युग युगगळ विरहदोळिदे
प्रीतिया बुनादि ।
नन्नुसिरिगे निन्नुसिरनु
संगडिसु समाधि ।
श्रावणदलि श्रवणसुख
माघदलि अनघमुख
अश्विन रवि चैत्र चन्द्र
परस्परु अभिमुख ।
मधु माधव राधा रति
वैशाखिय ऋतु सत्कृति
नैसर्गिक वैसर्गिक
छंदोऽमय प्रतिकृति ।
कवियागिये हेऽळुतिरोऽ
कवियागिये केळुतिरोऽ
भव भव भव मोऽचनविदे
सवि सवि सविदेऽळुतिरोऽ
सायकनोऽ ई प्रपंचि
गायकनिगो इदे विपंचि
मायद काय् मागुवदोऽ
अरसु अंचे हंचि हंचि
सरसियोळगे—होंचि ।
हादियेंदु हायबेऽड यावुदोऽ युगादि
युगल युगल विरहदोळिदे प्रीतिया बुनादि
सत्तिन गत्तिन गमकवु भावरस सनादि
छांदसिकते मुक्तमार्ग ? श्रुति-कृति संवादि ।

युगों युगों के विरह में ही
प्रीति की बुनियाद है
मेरी साँस में तेरी साँस का
मिलन ही समाधि है
सावन में श्रवण सुख
माघ में अनघ मुख
अश्विन रवि चैत्र चन्द्र
परस्पर अभिमुख हैं
मधुमाधव राधा रति
वैशाख की ऋतु सत्कृति है
नैसर्गिक, वैसर्गिक
छन्दोबद्ध प्रतिकृति है
कवि बनकर ही सुनाओ
कवि बनकर ही सुनो
भव भव भव-मोचन हैं
मीठी मीठी मिठास फैलने दो
प्रपंची एक बाण है
गायक की यह वीणा है
मायावी कच्चा फल पकेगा ?
तब राजहंस बट-बट कर
सरोवर में योजना बनाते हैं
राह समझकर सींग मारो मत न जाने कौन-सा युगादि
युगल विरह में है प्रीति की बुनियाद
सत्ता और रोब का गमक भावरस सनादि
छन्दोबद्ध रचना मुक्त मार्ग है ? श्रुति-कृति में समन्वय हो ।

३६. चैतन्यद पूजे

चैतन्यद पूजे नडदऽद
नोऽडऽ तंगि ॥ अभंगद भंगीऽ ॥
        सौजन्य एंबुदु मोदलने हूवु
        अरळोऽण नावू नीवू
        सामर्थ्य एंबुदु बेलपत्रि
        शिवग अर्पित इरलि खात्रि ।
सत्य एंबुव नित्यद दीप
सुत्तेल्ल अवनदेऽ रूप
प्रीति एंबुव नैवेऽद्य
इदु एल्लर हृदयद संवेऽद्य ।
        सौन्दर्य ध्याना एदेयल्लि
        अस्पर्शा चिन्मयदल्लि
        आनंदगीत सामऽवेऽदा
        सरिगम नादा ।
'उद्भव' 'उद्भव' हेऽ मंगल मूर्ति
आलला, अहहा, अममा
आत्मा परमात्मा अंतऽरात्मा
घनवोऽ घन निम्मा महिमा ।

३६. चैतन्य-पूजा

हो रही चैतन्य की पूजा
देखो बहन ॥ सदा की भाँति ॥
सौजन्य है प्रथम-पुष्प
हम और आप खिलें
सामर्थ्य है बिल्वपत्र
निश्चय ही शिवार्पण करें ।
सत्य है नित्य-दीप
सब कहीं उसी का रूप
प्रीति है नैवेद्य
सबका हृदय-संवेद्य
मन में सौन्दर्य-ध्यान
चिन्मय स्पर्श रहित
आनन्दगीत सामवेद
सरगम माद
'उद्भव' 'उद्भव' हे मंगलमूर्ति
आलला, अहहा, अममा
आत्मा परमात्मा अन्तरात्मा
धन्य धन्य है आपकी महिमा

३७. पंचारति

ओलि होत्तिसबेकम्माऽ
अडगिऽऽ मनियोळगऽ
अन्नाऽ एडिमाऽडऽबेऽकऽ
अन्नऽ दानीश्वरगऽ
घुरु घुरु अंतान
उरिनालगियवनऽ शिवनऽ
तवरु मनेथवरु यारु
बरनाऽरोऽ काणेऽ ?
नम्मावाऽ हेऽळोऽ तायी तम्मा
देऽवन आणे ।

(२)

नाल्वरु बरलीऽ कूडि
कूडि एडिनाडी नोऽडि
मित्रारु अय्यनवरुऽ
वरुणन कडेयवरु
भगभग अंदऽरे सौभाग्य
तरतेऽनि अन्नुवरु
सोऽमाऽ बारय्य
सामाऽगानाऽ हाडि
अवर हंतीले नीनू
मूडु । ऊडु ।

३७. पंचारति

हे माँ, चौके में
चूल्हा जलाना है
थाली में प्रसाद सजाना है
अन्नदाता ईश्वर को चढ़ाना है
ज्वाला-जिह्वावाला शिव धू-धू करता है
मायके से कोई आता हो
न जाने कौन आता हो ?
अरे सुनो जी, भगवान् की सौगन्ध बताओ तो
मायके से कौन आता है—
माँ या भाई ?

(२)

चार लोग आने दो
हम सब प्रसाद को देखें
मित्र और पुरोहित
वरुण-पक्षवाले
शिव-शिव कहने से
कहते हैं भाग्य खुलता है
चन्द्र तुम भी आओ
साम गान गाओ
उन सबकी पंक्ति में
बैठो और खाओ ।

(३)

देऽवर मनिया दीप ।
बेळगिसबेऽकऽ
मक्कू कळेदू एण्णी हणि हणिसि
बत्ती तळिसि
मैमणिसि एदिदुंबि कैमुगुळु
नीडी बेऽडी बेऽडि

(४)

ओलियोऽ ओलि अन्नद गडगीयोळगू
कोऽडोलि केळगू
होत्तोत्तिगे भक्ति
युक्ति होळिसोऽ
अडिगिय मनियवन
बल्लवनऽ
रसरुचिपाका
अेल्लवन अरितवन
नम्म मातु धातु
हूतु बेरितवन ।

(५)

हंगिन अरसनिगित इंगडलिन
ओडलिन बडवा
बडवा बडवा तंगी
अडगी माडव्वा ।
कोडुवा एदि—
हालिन कोडवा ।
ॐ तत् सत् गुरुभ्योऽ नमः ।

(३)

पूजा घर का दीप
जलाना है
कालिख साफ़ करूँ, दिये में तेल दूँ
और बाती भिगाऊँ
आगे झुककर नमन करूँ जीभर कर हाथ जोड़ूँ
अर्पण करूँ, मनौती माँगूँ।

(४)

हमें आशीष दो चूल्हे और अन्न के भीतर
हाँड़ी के अन्दर और हाँड़ी के नीचे लपट जलाओ
समय-समय पर भक्ति
युक्ति की पहचान कराओ
तुम रसोई करनेवाले से भी
परिचित हो
रस-रुचि-पाक
सबके ज्ञाता हो
हमारे शब्द और धातु तुम खिलाते हो
और उसमें समा जाते हो।

(५)

पराधीन राजा से आज़ाद
देहधारी ग़रीब श्रेष्ठ है
हे बहन, मुझ ग़रीब के पेट में बडवाग्नि लगी है।
खाना पकाओ बहन,
और हृदय के
दुग्ध का घड़ा दे दो।
॥ ॐ तत् सत् गुरुभ्यो नमः ॥

३८. अेदेय ओक्कलिगन हाडु

तत् एन्नु तत्तिगे। बित्तेन्नु बित्तिगे
सत् एन्नु कुत्तिगे—मुत्तिगे
मिंचाद चित्तिगे । स्वाति तुटि मुत्तिगे
नेऽसरु अेऽरिदनोऽ । नेत्तिगे
नीरिगें बिड्डु होऽरि, एत्तिगे ।
    अेदेय कम्मटदाग, ओलुमिय कुलुमियोऽ
    अडिगल्ल म्यालैनि सुत्तिगे
    होत्तिगे होत्तिगे । ढणा ढणा दीप-गंटे
    ओलविन बल ऐति जत्तिगे
    बारण्ण बा नम्म ओत्तिगे ।
कल्लाद देऽवरु मण्णाद देऽवरु
बूद्याद देऽवरु होऽदारोऽ
बण्णाद देऽवरु सूण्णाद देऽवरु
कण्णाद देऽवरु बंदारोऽ
वर बेऽडो वर बेऽडो अेंदारोऽ ।
    "रवि चंद्र मनि दीप । नेंलके नीरु समीप
    मनुष्यार कुलमूल ओंदागि
    सत्यवंतरागि नित्यवंतरागि
    बाळुवे माडलि चेंदागि
    देऽवर बेळकागि मुंदागि ।"

३८. किसान का हृदय-गीत

तत् को तत् कहो, बीज को बीज कहो
विपत्ति में सत् कहो
बीत गया चित्रा, स्वाति अधर-मोती लायी
सूरज चढ़ा सिर पर
छोड़ो बैलों को पानी में ।
हृदय की टंकशाला में स्नेह की भट्टी है
शिला आधार पर हथौड़े की मार है
समय-समय पर ढणा ढणा दीप-घण्टा
स्नेह का बल है संग में
आओ भाई, आओ बन्धु साथ में ।
पत्थर के भगवान् मिट्टी के भगवान्
भस्म के भगवान् चले जायेंगे
रंग के भगवान्, चूने के भगवान्
दृष्टिदाता भगवान् आयेंगे
कहेंगे वर माँगो वर माँगो ।
"सूर्य चन्द्र घर का दीप बने । धरती में पानी सरलता से मिले
मनुष्य का कुल-मूल एक होकर
सत्यवान् बन नित्यवान बन
सुखमय जीवन बिताओ
और भगवान् का प्रकाश बनकर आगे बढ़ो ।"

३९. अहंकारद—बिडुगडे

दास पुरंदर विट्ठलनोडेया
अहंकारविदे कोडु बिडुगडेया ॥ ध्रु ॥

(१)

पोळ्ळिन होट्टेय पुठाणिमूर्ति
पुट्टदे पुट्टिदे हृदयदलि
ऊटे, ऊटेयेने पुटपटियुत्तिदे
रविकिरणद प्रति उदयदलि

(२)

रंगुरंगिना पांडुरंगदलि
सूत्रधारनेने कुणियुतिदे
नरनारीगण नटनर्तनदलि
अेदे अेदे अेळेयलि कुणियुतिदे ।

(३)

विश्व प्रवेऽशिसि ईश्वर नेनेयेने
इट्टिगे नेलेयलि लयिसुतिदे
विठ्ठल, विठ्ठल नामरूपदलि
पुंडरीक ओऽलयिसुतिदे ।

३९. अहंकार से मुक्ति

पुरन्दरदास के हे विट्ठल।
अहंकार से मुक्ति दिला दो।

(१)

खोखले पेट की यह लघुमूर्ति
बिन जन्मे ही हृदय में जन्मी है
रवि किरण के हर उदय के साथ
फ़व्वारे-सी उछल रही है।

(२)

रंग-बिरंगे पाण्डुरंग में
सूत्रधार-सी नाच रही है
नर-नारीगण नट-नर्तन में
हर हृदय एकरसता में नाच रहा है।

(३)

विश्व में प्रवेश कर, ईश्वर का स्मरण कर
इंट की नींव पर स्थापित है
विट्ठल, विट्ठल नाम रूप में
पुण्डरीक खिल रहा है।

४०. संभू—शंभू

नम्म देऽश भूप्रदेऽश
सार्वभौम भाव
इदोऽ जीव अदोऽ आत्म
मरेतवनेऽ साव ।
जागरकोऽ कण्णे मरे
कंड कनसु स्मरण
निद्दे माडुतिरलु बद्धि
अरमरेविगे मरण ।
स्मरणद कणकणवु रण
नेनेविगे ननेकोनेये मोने
मरनिगे साविरदो अेऽनो
बीज बीज मृडनेने ।
मृड मृडानि नृन्यवाडे
भूतंगळदल्लि पाडे
ओऽ अभूत ! ओ अपूर्व
हाडु मौन मूडे
भुभुःकार संजीवन संभूऽ
शंभूऽ
ओंभूऽ

४०. शम्भु

हमारा देश, भूप्रदेश
सार्वभौम भाव है
यह जीव और वह आत्मा है
इसका विस्मरण ही नाश है
दृष्टि-पट जागरण का संकेत है
स्वप्न में अवलोकित स्मरण है
बुद्धि सो जाने पर
विस्मरण ही मरण है
स्मरण का कण-कण रण है
स्मृति-रूपी कली का अग्रभाग नुकीला है
मृत्यु अमर थोड़े ही है ?
हर बीज शिव का ध्यान करे
शिव-शक्ति नृत्य करे
भूत-गण गायें
वह अभूत ! वह अपूर्व !
मौन तब छा जाये ।
भुभुःकार संजीवन सम्भू
शम्भू
ओंभू ।

४१. कण्णरळु

कल्लरळि हूवागि । केम्मण्ण मने तोळगि
नम्म निम्मन्न बरमाडि, मनमन
कम्मगिरिस्याव, कल्लरळि ।।
        मण्णरळि हूवागि । नूल-बट्टेयागि
        मै मैगे धारदाधारा, गुडिगुडिगे
        हूबत्ति होत्ति, मण्णरळि ।।
नीररळि तावरि । मिन मिन मीनक्क
बेळकुंडु बालिरेनताव, हगलिरुळु
बेळकनुणस्याव नीररळि ।।
        दिक्करळि बेळगागि । नेरळरळि इरुळागि
        निद्दि एच्चरकु तिरुळागि, श्रीशैला
        तिरुमलेगू पेजु, बानरळि ।।
गाळि गाळिगु मथन । आगान ईतान
मनवरळि मरुळु आग्याव, तद्ध्यान
सद्ध्यान, मुक्ति, मनवरळि ।।
        जीवरळि जीवाळा । नावरळि नम्म्याळा
        नाचिकि अरळि नगताव, तोट्टिला
        कुलक्याव कैकै, जीवरळि ।।
बीसिदर काळरळि । कासिदर अन्नरळि
तुरिसि नुरिसिदर कवळरळि, एदियरळि
हालु तोरेदाव, मगुवरळि ।।
        गर्भगुडिय दैव । दीपक्क कण्णरळि
        होरळि नोऽड्याव ओळगरळि, कत्तलेगु
        हौदेऽ नोऽ, कल्लिगु कण्णु इरताव ।।

४१. खिलना

पत्थर खिलकर चूना बना। लाल मिट्टी का घर चमका
आपको हमको निमन्त्रित कर मन को
हर्षित करते हैं, पत्थर खिलकर।
मिट्टी खिलकर कपास बनी। सूत का वस्त्र बना
अंग-अंग का आवरण बना, मन्दिर में
पुष्पबाती जली, मिट्टी खिलकर।
पानी खिलकर कमल बना। चमचमाती हैं मछलियाँ
कहती हैं प्रकाश पीकर जियो, दिन-रात
प्रकाश खिलता, पानी खिलकर।
दिशा खिलकर दिन हुआ। छाया खिलकर रात हुई
निद्रा-जागृति सार बनी, श्रीशैले
तिरुमलै का प्रकाश बना, आकाश खिलकर।
पवन के झोंकों में गान बहा, तान बही
मन खिलकर लीन हुआ, वह ध्यान
सत् ध्यान है, मुक्ति है, मन खिलकर।
जीव खिलकर जीवन बना। हम खिलकर हम लोग बने
लज्जा खिलकर मुसकान बनी,
पालना झुलाते हैं दोनों के हाथ साथ, जीव खिलकर।
पीसने पर धान खिले। पकाने पर अन्न खिले
चबाने पर कौर खिले, सीना खिलकर
दूध बहा देंगे, बच्चे खिलकर।
गर्भ-मन्दिर के देव के दीप ने आँखों को ज्योतित किया
भीतर ही खिलकर, मुड़कर अन्धकार को भी देखेंगी,
शायद, पत्थर की भी आँखें होती हैं।

---

१. कर्नाटक का महत्त्वपूर्ण धर्मक्षेत्र; वहाँ कन्नड के अनेक सन्तकवियों की समाधियाँ हैं।

शुद्ध ब्रह्मतु अरळि । शबलब्रह्मद सरळि
सरिगमपधनि अंदाव, धनियरळि
अंतरंगवे अरळ्याव, अरुळरळि ॥

शुद्ध ब्रह्म खिलकर, शबल ब्रह्म के बाण
सरगमपधनि गायेंगे, ध्वनि खिलकर
अन्तरंग ही खिलेगा, ज्ञान खिलकर

४२. देऽमव्वन मेरवणिगे

संतेय गद्दलदल्लिये सद्दिल्ल
दुंदुम्मि निन्न नगारि ॥ पल्ल ॥
भरति—मध्याह्नद बिसिलल्लि मेरेवुदु
ओऽ तायि निन्न सवारि ॥ अनु ॥
    मा, मा एन्नले ? मायेये निन्न
    हू हू हुडि हुडि पडिभे
    गडिदाटि बंदेव्व मैमैय हिडिदे
    नडिगेय गत्तेल्ल नुडिमे ।
पडिबिंब डाळिंब कौसुंबि सीरे
नगे सुरिद कडेगेल्ल नीरेऽ
बेवरिद मैमेगे बावन्न गंध
जात्रेयु ऊरिगे ऊरेऽ ।
    यावच्चिनल्लि मुच्चिदे नन्न
    मेच्चिगेगे बेऽरे मद्दिल्ल
    उसिरिन तंत्रिय मंत्रिसिदे माये
    बयललि यारू कद्दिल्ल ।
केऽळुव किवियल्लि भाविय आळ
भव भव भाव अपारा
तोरे हालु तुंतुरहनि मणिमाले
एदेतुंबि हाराने हारा ।
    तोय्देवेयंचिगे अंचिल्ल सेरगिल्ल
    मानस सरसि मराळ
    आलय बयलोऽ बयले आलयवो
    याके निराळ सुराळ ?
    चुक्कि कसूतिय करेय पट्टावळि
    मुगिल बणद सुत्तु लुंगि

४२. देमव्वा की सवारी

बाज़ार की भीड़ है निःशब्द
डुम डुम बाजे नगाड़ा तेरा
मध्याह्न की तेज़ धूप में मँडराती है
ओ माँ, तेरी ही सवारी ।
माँ माँ कहूँ क्या ? मायावी तू है
फूल-पात है तेरी प्रतिमा
सीमा पार कर आयी, जन-जन पर छायी
तेरी गति शब्दों में ही समायी है माँ ।
प्रतिबिम्ब दाड़िम, कौसुम्बी साड़ी है
हँसने से जल बिखरता है
तेरे श्रमसीकर में महकती गन्ध है
गाँव उमड़ पड़ा तेरे मेले में ।
किस चौखटे में मुझे ढाला है
तेरी प्रशस्ति का कोई साधन नहीं
ओ माया, तेरी श्वास के तारों को मन्त्रित किया है
खुले में किसी ने कुछ छिपाया नहीं ।
सुननेवाले खुले कानों में कुएँ-सी गहराई है
भव-भव के भाव अपार
दूध की धारा, रिमझिम बूँदें मणिमाला-सी
छाती पर बनी हैं हार ।
सजल नयन को न किनारी है न पल्लू
मान सरोवर के हंस जैसा
मन्दिर मैदान है या मैदान ही मन्दिर है
तर्क-वितर्क यह कैसा ?
नक्षत्र-क़सीदा की काली पट्टी है
बादल के रंग की लुंगी लपेटी है

मातंग मातंगि मादाळ कैलिंगि
रूपु तरंग विभंगि
बिसिलिन कोडे हिंडिदे नेरळिशासरेयिडदे
हेज्जेय गुरुतिल्ल हुडिगे
ओऽहोऽ विश्वंभरि ओऽहोऽ दिगंबरि
जनमन निन्नुडिगे तोडिगे ।
होलेयर हलिगेगे कुरुवर डोळ्ळु
कोरवर तुत्तु समादि
निर्झर झज्जर गोल्लर कोळलुलि
वादिगे वादि संवादि ।
तुरुकरु मुंदे, कुरि मंदे हिंदे
कुक्कू कूगितु कोऽळि
बोऽळाद मुंडे, रतियागि रँडे
धगधग किच्चिन होऽळि ।
दुर्गद अक्कन देऽमव्व तंगि
मैमै देऽगुल माडि
कोरळिगे जोऽताळु एदेमुगुळु हूतु
लालिय लयदलि हाडि ।
ओडनुडिसव्व सोऽबाने सुव्वि
अरळलि बसिरलि तत्ति
एळळष्टु एण्णेगे साविरद बत्ति
मेरेयलि आरति एत्ति ।
सादु गंधाक्षंति ईबत्ति कुंकुम
काडिगि अरषिण मेत्ति
हसि हणेय गुडिगेऽ नहुहुब्बकुडिगे
कादावु मादावु नेत्ति ।
नाचिके नयवेऽके कंपन भयबेऽके
प्रळयवे स्रष्टिय हादि
मरुळु कूसंभट्ट कप्पेगु दनिगोट्ट
इंदिन वेऽदवनोऽदि ।
नंदि बालव हिडिदु मारुति कुणिदानु
कंटेव्व ओंटेव्व बरि

मातंग-मातंगि मादाळ कैलिगि
रंग-बिरगे रूप हैं ।
धूप की छतरी पकड़े हैं, छाया के आश्रय बिन।
पदचिह्न रहित बाला
ओ माँ विश्वम्भरी ओहो दिगम्बरी
जन-मन ही तेरा ओढ़न-बिछौना है ।
चमार का बाजा, गडरिया का ढोल
बंजारों की ततूरी-सनई
ग्वालों की गूँजती बंसी के साथ
वादी को प्रतिसंवादी है ।
गाय-बछड़ा आगे, बकरी है पीछे
कुकडू कूँ करते कुक्कुट साथ
रति बनी विधवा, सिर मुँड़वाया
धू धू करती होली की ज्वाला ।
दुर्गा माँ की छोटी बहन 'देमव्वा'
देह को मन्दिर बनाकर
गले में हार पहनकर, हृदय-कली खिलाकर
लोरी गाती है लय में ।
प्रतिध्वनित करो 'सोबाने सुव्वि'
खिले उबर में तत्
तिल भर तेल को सहस्र बाती
सुशोभित हो आरती ।
गन्ध-अक्षत तिलक, भभूत और कुंकुम
काजल, हल्दी लगाकर
सूने ललाट पर भृकुटी की लता पर
विश्राम-आराम मिले शीश को ।
लज्जा-संकोच क्यों, कम्पन-भय क्यों ?
प्रलय ही सृष्टि की परिणति है
आज के वेदों को पढ़कर
भ्रमित पण्डित ने कूपमण्डूक को सम्बोधित किया ।
नन्दी की पूछ पकड़कर मारुति नाचेगा
गदी और ऊँटनी आओ

मह्नानि सोंडिगे हाकिदे हूमालि
कत्तेत्ति अल्लल्ले ईर ।
जारण मारण निल्लिसिरिन्नु
ओऽरण तोऽरण बरलि
रणरणदल्लु कणकण हुलिगे
कोऽलिगे ताळवु इरलि ।
सूर्यन ओलिहोत्ति मनेमने पाक
ओंकार कायकद गिरणि
मंदाकिनियु इळिदु भागीरथियु होळेदु
कूडिदळु नरक वैतरणि ।
कुडियर तुडिगीग देऽवडिगन कोऽल
बयलाट एक्कलगाण
कंठद उलुहिरद गुणुगुणुगान
प्रत्यक्षकेकनुमान ?
मरुळु सिवन कैगे धत्तूरि कोट्टारु
होगे होगे धूप लोऽभानु
कामान क्रोऽधान डंभान मोऽहान
सुट्टारु एल्लित्तोऽध्यान ?
सिद्धलोऽकद जिन इद्दल्ले हनुमान
बिद्दल्ले केऽळिद बुद्ध
शांतिगागिये युद्ध शांतिगगियेऽयुद्ध
क्रांतियो भ्रांतियो शुद्ध ।
आगदवरारोऽ मुगदय्य निन्न
नगदवरारो मादेऽव
जगदवरारोऽ सिगदवरारोऽ
गुसभक्तिगे ससभाव ।
आजाव ईजावा मूज्याव इन्नीग
पूजियोळगे पूजे दिव्य
डिमोऽक्रसिय सिंह आसन माडिद्दे
देऽमव्वबदंद्दे नव्य
हाडिद्देल्ला छंद माडिद्दे प्रबंध
कूडिद्दे सभे, अट्टहास

मदमत्त हाथी की सूँढ़ में फूल माला है
सिर उठाकर तैयार हो जाओ
दंगा-फ़साद अब बन्द करो
सुन्दर तोरण सजाओ
रण के ढिंढ़ोरे में भी
ताल रहे ।
सूर्य के चूल्हे से घर-घर में खाना बने
ओंकार कर्मयोग का कारखाना है
मन्दाकिनी उतरकर भागीरथी चमक कर
नरक वैतरणी में मिल गयी ।
शूद्रों के वस्त्र धारण कर पुजारी भूत-नृत्य करे
यक्षगान और एक्कलगान करे
कण्ठ की शब्द रहित गुनगुनाहट है
प्रत्यक्ष को अनुमान क्यों ?
भोला शंकर के हाथ में धतूरा देंगे,
धूप-लोभान का धुआँ फैलेगा
क्राम-क्रोध, दम्भ-मोह को
जला देंगे, कहाँ था ध्यान ?
जहाँ सिद्ध लोक का जिन है, वहीं हनुमान् है
सुन रहा है पड़ा बुद्ध
शान्ति के लिए युद्ध, शान्ति के लिए युद्ध
क्रान्ति है या भ्रान्ति है शुद्ध
तेरी इस मुग्ध मूर्ति को किसने खोदा है
हे महादेव, कौन नहीं हँसा है !
इस जगत् का कौन है, कौन है गुमशुदा
गुप्त भक्ति का सप्त भाव ।
वह घड़ी, यह घड़ी सब घड़ी अब तो
शून्य में दिव्य पूजा ही है
डेमोक्रेसी के सिंह को वाहन बनाकर
देमव्वा आयी है यही निरालापन है ।
जो गाया वही छन्द बना, जो रचा वही प्रबन्ध है
जहाँ मिल-बैठे वही सभा, अट्टहास

बुद्ध कल्किय कूडि कृतकृत्यरादरु
कृतयुगक्काय्तु संन्यास
सत्तवरे सायुवरु इरुत्तवरे बाळुवरु
गुट्टिल्ल रट्टिल्ल, कुट्टु
धिकतिटि, दिमिदिमि, भूतनृत्यद सीमि
ओडकिल्ल पोळ्ळु ओक्कट्टु ।

तंत्रविद्दंतेयेऽ मंत्रवु संगाति
डबड्डाळिके अेऽनु बंतु ?
हूविनोडने नारो ? यारोडने यार्यारोऽ ?
अंतिगे कूडितु अंतू ।

आचे ईचेगे सेऽतु धातु मातिगे हूतु
चर्मानुरक्त सगंध
धर्मकर्मवु निन्न कैयोळगेऽ तायी
मर्मवु ऋणानुबंध ।

नगारि नौवत्तु वसुधेयेऽ संपत्तु
व्यक्तवायितु जातिगत्तु
चरमूर्ति स्थिरमूर्ति भागादियागदे
ओडमूडि बरलि जगत्तु

बुद्ध और कल्कि मिलकर कृतकृत्य हुए
और कृतयुग को संन्यास मिला।
जो मृत हैं मरते हैं, जो जिन्दा है जीते हैं
न कुछ गुप्त है न व्यक्त, पीटो
धिकतिटि, दिमिदिमि भूत-नृत्य होगा
फूट नहीं खोखली एकता में।
जैसा तन्त्र है वैसी मन्त्र संगत है
इसमें दबाव कहाँ ?
क्या फूल के साथ धागा है, किसके साथ कौन-कौन ?
जैसों को तैसा ही मिला है
बीच की खाई को शब्द-सेतु से पाटते हैं
चर्मगुण के अनुरूप गन्ध
धरम करम सब तेरे हाथों में माँ
मर्म है ऋणानुबन्ध।
नौबत-नगाड़ा, वसुधा ही सम्पत्ति है
व्यक्त होती है जाति की चाल-ढाल
चरमूर्ति-स्थिरमूर्ति, भगनी—कलह
रूपादित हो जगत्।

४३. 'केऽळि नुडि' 'नुडिय केऽळि'

अ आ इ ई उ ऊऽ एन्ने स्वरजातिय जतिजति
ध्रानमान ज्ञानतान आत्मनतन कृतमति
मौनदाळे मंदेऽहर संदेऽहवु आ श्रुति
नुडिय केऽळि ।
ऎऽळेगीति वेऽळेबंतु मेऽळदल्लि सेऽरलू
ऎऽळु एत्तु कुदुरे हत्तु समयविल्ल मीरलू
मूडदिक्कु उक्कु उक्कु नीलि—कॆंपु—नेऽरिलू
नुडिय केऽळि ।
यालक्किय मुखवासद सुखवासद कंपना
सिंपुहनिय मुत्तिन गणि जेऽनु हनिय, घनघना
या सिंफनि स्फुटिसुवुदो मुन्नीरिन सुस्वना
नुडिय केऽळि ।
नाम कामधेऽनु ईग साम—सूम मूर्तवु
नेमिचक्र सदावक्र हृदयाशा पूर्तवु
त्वरित तूर्त, तूर्यध्वनि भावभाव कूर्तवु
नुडिय केऽळि ।
ई नेसरु ई निसर्ग यज्ञ-वेदि पुट्टिसि
तत् ब्रह्मद ॐ विसर्ग सर्ग स्वर्ग हुट्टिसि
मीटु मेट्टि मेटियागि निंतिदे निरि निट्टिसि
नुडिय केऽळि ।
अश्विनि तुले श्रावण बेले तोले तूकद गुंजि
हिंजिदंते हिग्गुत्तिदे हत्ति बत्ति पंजि
मौंजिबद्ध ब्रह्मचारि तेजस्सिन पुंजि
नुडिय केऽळि
शंभु शंभु ॐ स्वयंभु भव भव भवदाटिसु
ऋतसत्यद आ महत्तु श्रद्धेयागि नाटिसु

४३. शब्द क्रीडा

अ आ, इ ई, उ ऊऽ कहो स्वरजाति के साथ-साथ
घ्राणमान ज्ञानतान आत्मनतन कृतमति
वह श्रुति मौन हो तो सन्देह का सन्देह रह जाय
शब्द क्रीड़ा
उठो गीत वाद्यवृन्द से मिलन का समय आया
उठो साधो बैल या घोड़े पर चढ़ो, समय नहीं खोने का
प्राची डूबी है नीले, लाल, बैंजनी रंगों में
शब्द क्रीड़ा
इलायची की मुख सुगन्धि का, सुखसुगन्धि का कम्पन
सीपों में निहित मोतियों का भण्डार, शहद बिन्दु सघन
सागरजल से फूटती 'सिम्फ़नी' का मधुर स्वर
शब्द क्रीड़ा
नाम कामधेनु सामवेद गायन का स्वर्गीय स्वरूप
नैमित्तक सदानक हृदग अभिलाषा पूरक
त्वरित वेग, तूर्यध्वनि भावभीना प्रेम
शब्द क्रीड़ा
यह सूर्य, यह विसर्ग, यज्ञ-वेदी निर्मित कर
तत् ब्रह्म का ॐ विसर्ग सर्ग-स्वर्ग निर्मित कर
गूँज उठे मींड का झंकृत स्वर और व्याप्त हो
शब्द क्रीड़ा
अश्विनी तोले श्रावण, गुँगची तोले का मोल करे
कत-कत कपास बने बाती, प्रकाश करे
यज्ञोपवीतबद्ध ब्रह्मचारी बने तेज पुंज
शब्द क्रीड़ा
शम्भु-शम्भु ॐ स्वयंभू भवसागर उतार दो
ऋत सत्य की महत्ता को श्रद्धा बना जगा दो

माटयोऽग नीटु नेऽरकूट कोऽटि त्राटिसु
नुडिय केऽळि
कंठ्यनाददाऽकार हारवागि ऊरिसु
अनुस्वार अेऽरि, नाशि अविनाशिगे अेऽरिसु
श्रीरंगद रिंकारव ॐकारके सेऽरिसु
नुडिय केऽळि ।

स्वस्ति मंगलंऽ भवतु सौरभाग्य तेरेयली
सौम्य सोऽमतिगतिगळाऽगि मागिमेरेयली
गद्यवृंद माध्यमवेने संगीतवे हरियली
नुडिय केऽळि ।

नर्तनवोऽ वर्तनवेने अभिनयिसुत सागलि
प्रेऽक्षकनलि साक्षिकतेयु सप्तपिंडवागलि
निर्विघ्नं—चांगु—भला हेऽऽ रंबनु तेऽगलि
नुडिय केऽळि ।

मोऽदवोऽ प्रमोऽदवोऽ बृहद्विभूति मूडलि
पडुव होत्तु होऽतु, हूत देऽव—ध्वनि हाडलि
सार्वभौम मानवतेय चंद्र सूर्य नोऽडलि
नुडिय केऽळि ।

प्रातिभनेले नवोऽनववु हत्तुगडेये अत्तलू
अनादियोऽग सांख्ययोऽग आनंत्यवे इत्तलू
हिंदे मुंदे मेऽले केळगे ओळगे होरगे सुत्तलू
नुडिय केऽळि ।

एलुवु एलुवु नाद नाद यावुदु संवित्तियोऽ
मातेयीव एण्णे बेण्णे उण्णुत्तिदे नेत्तियोऽ
निर्लेऽपद रसद लहरि आदित्यगे भित्तियोऽ
नुडिय केऽळि ।

मेऽरुदंड अदु उद्दंड ! त्यागियागि केऽळुवे
वर्ण वर्ण आसुवर्ण बेळकिनल्लि बेऽळुवे
एब्बिसेन्न तब्बिकोंडु, अेळूवेनोऽ अेळुवेऽ
नुडिय केऽळि ।

दैवयोग से, कृपादृष्टि से पार उतार दो
शब्द क्रीड़ा
कण्ठनाद से उत्पन्न आ-कार को गले का हार बना लो
अनुस्वार देकर नश्वर को अनश्वर पर चढ़ा लो
श्रीरंग के रिंकार को ॐकार में मिला दो
शब्द क्रीड़ा
स्वस्ति मंगलमय हो नित्य सूर्यमण्डल खुले
शीतल चन्द्र प्रतिमास पूर्ण सुशोभित हो
वाद्यवृन्द माध्यम हो, संगीत ही प्रवाहित हो
शब्द क्रीड़ा
नर्तन अकृत्रिम साभिनय चलने दो
प्रेक्षक में साक्षात् सप्तपिण्ड होने दो
निर्विघ्न प्रशस्ति से गणेश का पेट भरने दो
शब्द क्रीड़ा
मोद-प्रमोद महा विभूति बनकर उदय हो
पश्चिम में सूर्य डूबे, अदृश्य देववाणी गूँज उठे
सार्वभौम मानवता को सूर्य चन्द्र देखे
शब्द क्रीड़ा
प्रतिभा की गहनता और नावीन्य दस दिशाओं में व्याप्त हो
अनादियोग, सांख्ययोग असीम हो
आगे-पीछे, ऊपर-नीचे बाहर-भीतर सर्वत्र हो
शब्द क्रीड़ा
अस्थि-अस्थि नाद-नाद कौन-सा है सम्यक् ज्ञान
माता का दिया तेल, माखन खाता कपाल है
निर्लेप के रस की लहरी सूर्य के लिए दीवार है
शब्द क्रीड़ा
मेरुदण्ड यह उद्दण्डता होगी, त्यागी बन निवेदन करता हूँ
वर्ण-वर्ण उस सु-वर्ण प्रकाश में आश्चर्य चकित होता हूँ
मुझे उठाकर अंक में भर लो, अवश्य-अवश्य ही उठूँगा
शब्द क्रीड़ा

४४. शिशुमारन लालि

लाली लाली शिशुवे
शिशु मारा !
अश्वा—सायुज्या
ज्यावेऽघ्रा—वेऽदा
प्रळया जलधियोळित्तू गोंडारण्याऽ
कुरवकदंतेऽ
ध्याना माड्यान दाल्भ्या बकनंते
हरिमत्स्यन संते
नाल्कु, एंटु, हदिनारु, मूवत्तेरडूऽ
बहुमुखदा ब्रह्मरु कृष्णार्पणवाग्यारोऽ
जडधिय लयदोळगऽ
आवर्ता पुनरावर्ताऽ
वडवा शिखि आपोऽनारायणनोळगऽ
हरिहरर बेळगऽ
आरति बेळगऽ

(१)

लक्ष्मी पार्वती सरस्वतियोळगऽ
महेऽश्वरि मुखदोळगऽ
ॐ तत् सत् अद् इतियोळगऽ
गतियोळगऽ स्थितियोळगऽ रसरतियोळगऽ
चत्वारि—चारु—चरित्रेऽ
पवित्रेऽऽ—सोऽमानने बारेऽ
सावित्रेऽऽ ।
सत्या—सावित्री कंदा, गोविंदा,
अररेऽ साविरदा कडेयिंदा
दळदळ कूडि मूड्यऽद अरविंदा । आरति बेळगऽ

४४. शिशुमार

सोजा सोजा नन्हें
शिशुमार !
अश्व-सायुज्य
ज्यावेद्य-वेद
प्रलय जलधि के भीतर या गोण्डारण्य
द्वीप की तरह
बक-सा दाल्भ्य ध्यान किया है
हरि के मत्स्य अवतार में ।
चार, आठ, सोलह, बत्तीस
बहुमुख के ब्रह्म, कृष्णार्पित हो चुके हैं
जलधि की लय में
आवर्त, पुनरावर्त
बडवाग्नि की शिखा आपोनारायण में स्थित है
हरिहर को प्रकाशित करो
आरती उतारो ।

(१)

लक्ष्मी पार्वती, सरस्वती में
महेश्वरी के मुख में
ॐ तत् सत् अदः इति में
गति में, स्थिति में, रसरति में
चत्वारि, चारु-चरित्रा
पवित्रा—आओ चन्द्रमुखी
सावित्री
सत्या-सावित्री का पुत्र, गोविन्द
अरे ! अमरता की ओर से
पाँखुरी-पाँखुरी में खिला अरविन्द । आरती उतारो ।

(२)

अग्नि—सोऽमालिंगनदोळगऽ
चातुर्यद बंधा
प्रपंचाऽ छंदा
षण्मुखदंदऽ
सप्तासप्ती घनवोऽ घनमेऽधा
धर्मबोधाऽ
मनदिंदा सप्रऽ मनकऽ
उन्मनी सोऽपाना
अेऽरी इळिदू मक्कळनऽ हरसि
सुत्तू करेसि
कृपेयिंदावरिसि
ध्यानाळीना मीराऽ आरति बेळगऽ

(३)

जोऽ जोऽ एन्निरोऽ बालगोऽपालकरकू
रासलीलेय गोऽपियरु
गोऽवर्धनधारि बंधाऽ
वृंदावनदिंद जालंधर बंधा
मुक्ति—भक्ति—ओंदाऽ—
दवोऽऽ नवोऽऽ नवोऽऽ
मीरा सुमेऽरू गंभीरा
इळा वृताऽ । विट्ठला निंदाऽ
इत्तऽ कामाऽ अत्तऽ हयग्रीवऽ धामा
मत्स्य कूर्मा वराहा उत्तरोत्तरकऽ
देवऽतात्मन हृदया
मधु उदया । आरति बेळगऽ

(२)

अग्नि-सोम के आलिंगन में,
चातुर्य का बन्धन
प्रपंच है सुन्दर
षड्मुख-सा मोहक
सप्तासप्ति घन गिरने पर घनमेधा होता है
धर्मबोध
मन से सुप्त मन को
उन्मन सोपान
चढ़-उतरकर बच्चों को आशीष दे
पास बुलाकर
कृपा बिखराकर
ध्यान लीन मीरा। आरती उतारो

(३)

जोऽ जोऽ कहो सब बाल गोपालक
रास लीला की गोपियाँ
गोवर्धनधारी आया
वृन्दावन से जालन्धर आया
मुक्ति-भक्ति एक हुई
नमो नमो
मीरा सुमेरु-सी गम्भीर
इड़ा वृता विठ्ठल खड़ा
इधर काम उधर हयग्रीव धाम
मत्स्य, कूर्म, वराह उत्तरोत्तर
देवतात्म का हृदय
मधु उदय-आरती उतारो।

(४)

'इमानी हिमानी' लया, मलया
चंदनगंधा, देऽवद्वारा
नृसिंहा—राम—परशूरामा
जित कामाऽ रामा बलरामा
देऽवकि कृष्ण
वसुदेऽवन कंदा
बुद्धा, महावीरा बंदा
हृद्बंधा ।
नर—नारायण—कीर्ति
भगवद्गीता मूर्ति
बेळगिरि आरतिया !

(५)

यतिवर्यरु आचार्यरु
सामगाना
सर्वलोऽकैक ध्यानाऽ
विश्वेदेवनेगळ सभेयल्लि
मंत्रापुष्प, "राऽजाधिराजाय
राधाकृष्णाय
मधु माऽधवाय
श्रवणामघाय"
मंगलमूर्ती
विघ्नोऽऽ विशेऽषोऽभवतु
ईश्वराऽ विशेऽषाऽ
अशेऽषा—मणिभूषा
पुरुषोऽत्तम अवतारा । आरति बेळगऽ